복 있는 사람

오직 여호와의 율법을 즐거워하여 그 율법을 주야로 묵상하는 자로다.
저는 시냇가에 심은 나무가 시절을 좇아 과실을 맺으며 그 잎사귀가 마르지 아니함 같으니
그 행사가 다 형통하리로다. (시편 1:2-3)

고통 속에서 하나님을 발견하다

Larry Crabb

Finding God

고통 속에서 하나님을 발견하다

래리 크랩 지음 | 김성녀 옮김

복 있는 사람

고통 속에서 하나님을 발견하다

2009년 2월 25일 1판 1쇄 발행
2023년 11월 24일 1판 6쇄 발행

지은이 래리 크랩
옮긴이 김성녀
펴낸이 박종현

(주) 복 있는 사람
서울특별시 마포구 연남동 246-21 (성미산로 23길 26-6)
Tel 723-7183 (편집), 723-7734 (영업·마케팅) | Fax 723-7184
hismessage@naver.com
등록 1998년 1월 19일 제1-2280호

ISBN 979-11-7083-067-2

Finding God: Now with Discussion Guide
by Larry Crabb

Originally published in the U.S.A. under the title *Finding God*
Copyright ⓒ 1993 by Lawrence J. Crabb, Jr.
Published by the permission of Zondervan, Grand Rapids, Michigan, U.S.A.
All rights reserved.

Korean Edition Copyright ⓒ 2009 by The Blessed People Publishing Inc., Seoul, Korea.
Translated and used by the permission of Zondervan
through the arrangement of KCBS Literary Agency, Seoul, Korea.

이 책의 한국어판 저작권은 KCBS Literary Agency를 통해 Zondervan과 독점 계약한 (주) 복 있는 사람이 소유합니다. 저작권법에 의하여 한국 내에서 보호를 받는 저작물이므로 무단전재와 복제를 금합니다.

차례

감사의 글   11
나의 이야기   13
서론_ 문제 해결이 능사가 아니다   15

제1부 하나님 발견하기, 그것이 핵심이다

1장   내 인생의 여정   25
2장   생존이 인생의 전부가 아니다   31
3장   본능적 갈망   47
4장   초월적 갈망   59

제2부 하나님 발견의 걸림돌들

5장   뭔가 상당히 잘못되었다   79
6장   하나님이 숨으실 때   87
7장   타락한 구조의 기반   97
8장   왜 하나님은 숨으시는가   107
9장   견고한 구조의 기반   115
10장   1층_ 나는 네가 필요하다   129

11장 2층_ 나는 너를 미워한다 139

12장 3층_ 나는 내가 싫다 145

13장 4층_ 나는 살아남아야 한다 155

14장 5층_ 내가 살아남는 법 167

제3부 하나님을 발견하는 여정

15장 새벽 직전이 가장 어둡다 177

16장 사람들이 저지르는 실수 187

17장 선한 열망은 너무 약하다 193

18장 선한 열망과 악한 열망의 본질 203

19장 인생 이야기 나누기 213

20장 붕괴시키고 매혹하는 이야기 231

21장 본향을 향하여 243

후기 249

함께 토의할 질문 251

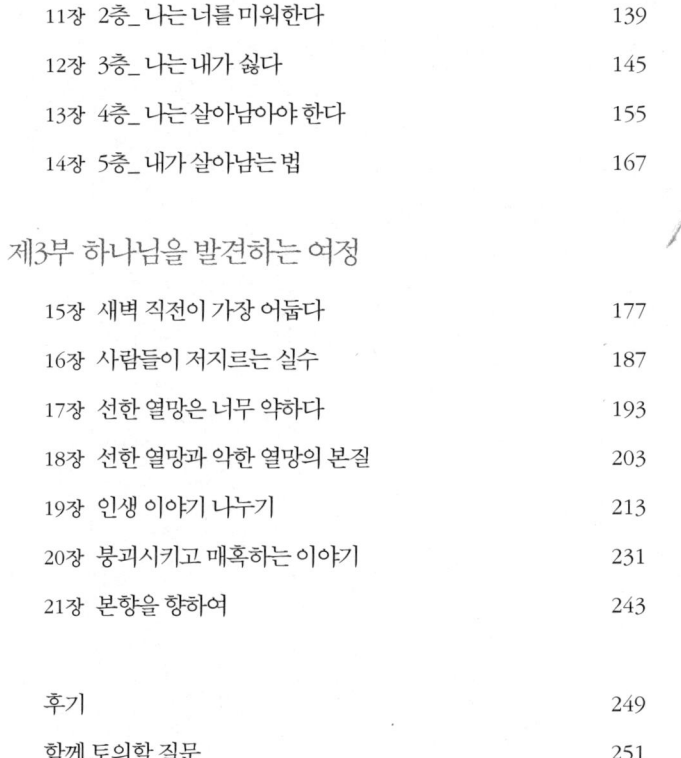

헌사

암이 재발해서라도 하나님께 더 가까이 갈 수만 있다면
그렇게 해달라고 기도했던 분이 계십니다.
말년에는 하나님을 더욱 새롭게 발견하며 기쁨을 누리다가
결국 암으로 소천하신 찰스 스미스 박사님,
추모의 정을 담아 그분께 이 책을 바칩니다.

'기독교 상담' 석사 과정에서 동고동락한 학생들이여,
여러분이 고통을 통해 하나님을 발견하는 여정에서
나는 많은 것을 배웠습니다.
여러분께 또한 이 책을 바칩니다.

감사의 글

기복이 심한 내 성격을 참아 주고 늘 믿어 준 사무실 직원들(수잔 라이크, 샌디 피어스, 설리 보울링, 나탈리 메릴랫, 쉐릴 존스)께 감사드립니다.

계속 수정되는 원고를 반복해서 타이핑해 준 쉐릴 존스와 샌디 피어스에게 감사드립니다. 타이핑뿐 아니라 나를 든든히 밀어 준 마음에도 감사드립니다.

댄 알렌더, 톰 바니, 알 앤드루스, 리암 애친슨, 돈 허드슨, 킴 허친스 등 직장 동료들께도 감사드립니다. 이들은 내 생각을 성급하게 판단하지 않고 내 사고의 방향을 존중하고 격려해 주었습니다.

편집 일을 맡아 수고해 준 샌디 밴더 지트에게도 감사드립니다. 그녀는 이번 저술 작업을 끝까지 믿어 주고 책이 멋지게 나오기까지 온갖 수고를 아끼지 않았습니다. 스코트 볼린더와 존더반 출판사의 편집 팀에도 감사드립니다. 저의 여러 사역을 늘 격려해 준 좋은 팀이었습니다.

항상 내 편이 되어 준 친구이자 에이전트인 실리 예이츠에게도 감사드립니다.

나의 부모님께도 깊은 감사를 드립니다. 두 분의 신앙 여정은 제게 몇 천 권의 책보다 더 깊은 영향을 끼쳤습니다.

저보다 연로하신 많은 믿음의 선배들께도 감사드립니다. 그분들은 하나님을 발견하는 노정에서 제가 잘 모르는 것을 많이 가르쳐 주셨습니다. 특히 제임스 해치, 헌터 노우드, 파멜라 리브, 브로튼 녹스, 존 브램홀, 그리고 장인 장모님께도 감사드립니다.

누구보다도 아내 레이첼에게 가장 감사합니다. 순탄치 못한 내 인생 여정에서 아내는 그 굴곡을 함께 겪었습니다. 아직 남은 길도 함께 가겠다고 하니, 이보다 더 큰 은혜는 없을 것입니다.

나의 이야기

내가 왜 이 책을 쓰게 되었는지부터 말해야겠다. 인생의 한 시점에서 나는 하나님을 더 알지 않고는 한 발짝도 전진할 수 없는 상황에 처했다. 살다 보면 앞이 캄캄한 혼란과 고통에 빠지는 경우가 있다. 모든 희망과 기쁨이 사라진다. 아무것도 나를 일으켜 주지 못한다.

그렇게 어두운 시절에 배운 가장 중요한 교훈이 있다면, **이생에서는 고통과 문제를 피할 도리가 없다**는 사실이었다. 아무리 하나님께 순종하고, 영적 훈련에 매진하고, 그리스도인의 정체성을 주장해도, 문제는 계속된다.

무엇보다도, 믿을 만한 존재가 필요하다. 예측불허의 인생에서 소망과 기쁨과 평강을 줄 수 있는 존재가 필요하다. **계획**만으로는 부족하다. 성경 원리대로 산다고 항상 원하는 결과가 나오지 않는다. 믿을 만한 존재가 없다면, 모든 것이 다 괜찮은 척하거나 고통 해소를 목표로 살아야 한다. 그리고 현실 부정이나 고통 해소를 위한 노력이 헛수고가 될 때는, 부도덕하게 살거나 미치거나 자살로 인생을 마감할 것이다.

사람들이 상투적으로 하는 말이 있다. "예수 잘 믿고 기도 열심히 하고, 필요하면 상담도 받고 하나님의 뜻에 순종하면 되는 거야." 이제는 이런 말을 접고 하나님을 발견해야 할 때다.

내가 이 책을 쓴 동기는, 하나님을 더 알고 싶다는 처절한 갈망 때문이다. 나는 확신한다. 하나님을 알기 원하는 우리의 갈망보다 우리에게 자신을 알리고 싶은 하나님의 갈망이 훨씬 더 크다는 사실을. 하나님의 가장 중요한 사역은 바로 우리 안에 그분을 알고자 하는 갈망을 키우시는 일이다. 힘들고 지루한 작업이지만, 하나님은 집요할 만큼 이 작업에 힘을 쏟으신다. 길은 험하고 이 길로 들어서는 사람도 상대적으로 적지만, 충분히 값어치 있는 여정이다. 하나님은 무한히 선하고 신뢰할 만한 분이시므로!

내가 문제를 통해 하나님을 발견한 사연을 나눌 때, 당신 안에도 하나님을 알고 싶은 열망이 뜨겁게 용솟음치기를 간절히 바란다.

희망에 부푼 마음으로
래리 크랩

서론_문제 해결이 능사가 아니다

언젠가 조지 맥도널드(George MacDonald)는 이런 설교를 한 적이 있다. "제가 여러분께 예수 그리스도를 조금이라도 더 알게 설득하지 못한다면, 저는 헛수고한 것입니다. 단 한 사람이라도 살아 계신 하나님께 더 가까이 나가도록 돕지 못한다면, 헛수고한 것입니다."

그러면서 이런 질문을 던졌다. "여러분이 이 세상에 존재하는 이유는 단 하나, 오직 주 예수 그리스도를 더 알기 위해서입니다. 다른 이유는 없습니다. 이 사실이 마음에 와 닿습니까?"

나는 이 책에서 우리를 하나님께 가까이 이끄는 길을 찾고자 한다. 20년 뒤에 이런 주제의 책을 쓴다면 훨씬 좋은 책이 나올 수도 있겠지만, 하나님을 찾아가는 여정을 인생의 단계별로 살펴보는 것도 나름대로 의미가 있다. 물리학을 전공하는 대학원생은 중1 수학이 안중에도 없다. 기초 수학이 틀렸다는 것이 아니라, 그 수준을 다시 배울 필요가 없기 때문이다.

영적으로 단단한 음식(내가 먹다가는 이가 부러지겠지만 당신에게는 영양가가 풍부한 음식)을 먹는 사람이라면, 이 책을 통해 과거에 경험한 영적 추억을 되새기고, 오늘의 당신이 있게 해주신 하나님께 감사하는 시간이 되면 좋겠다.

하지만 아직 기독교의 기본 진리를 체득하려고 애쓰는 사람이라면, 기대감을 갖기 바란다. 현재의 모습을 부끄러워 말고 꿈을 품으라. 성령님이 당신을 어디로 인도하실지 기대하며 상상의 나래를 펴라. 물론 몇 단계를 뛰어넘을 수도 있겠지만, 억지로 그러지는 말라. 최고의 교사 예수님이 제시하시는 것은 무엇이든 배우라. 예수님은 당신 한 사람에게 딱 맞게 제작한 교안대로 인도하실 것이다. 낙심과 좌절의 순간도 있겠지만, 언젠가는 그리스도께서 주시는 졸업장을 받을 것이다. 우리는 주 예수 그리스도를 알기 위해 이 땅에 존재한다. 다른 이유는 없다.

하나님 발견인가, 자아 발견인가

오늘날 우리는 하나님을 발견하기보다는 자신을 발견하는 쪽으로 관심의 축을 옮겼다. 자신을 애지중지하는 것이 지고의 선이 되었고, 자기혐오는 천하에 몹쓸 죄가 되었다.

일의 시작은 자못 순수했다. 짙은 안개처럼 인간의 영혼을 휘감고, 그리스도 안에서 누려야 할 따스함과 기쁨을 가로채는 고통의 문제를 교회가 인식하기 시작한 것이다. 세상에서 가장 행복해야 할 그리스도인들이 때로는 너무 비참하고 불만족스런 상태이며, 하나님과 자기 자신은 물론, 그 누구도 좋아하지 못하는 상태라는 쓸쓸한 사실을 교회는 직시해야 했다.

그런 현상의 원인을 찾다 보니, 어린 시절의 상처가 매우 깊어서 시간이 흘러도 저절로 치유되지 않는다는 것을 알게 되었다. 교회 출석, 성경 공부, 기도와 봉사 등 기독교 공동체의 정상적인 활동들도 상처 치유의 충분조건이 되지 못한다. 사람들은 유쾌한 교제 뒤에 뼈저린 외로움, 쓰라린 자기혐오, 아무리 애써도 기준 미달이라는 만성적 자괴감에 시달린다.

상처 운운하며 자신을 더 좋아하려고 애쓰는 것은 이기적이라는 주장도 있다. 이 학파의 학자들은 자아에 너무 치우치지 말고 심리학의 악영향을 조심하라고 경고한다. 그들은 주장하기를, 우리의 갈망과 욕구를 연구하는 것 자체가 "이단적인" 심리학에 자리를 내주는 불경한 태도라고 한다. 그들은 서슴없이 단언한다. 상처를 치유하고 자신을 좋아할 수 있도록 정체성을 회복하는 일 자체가 쓰레기라고, 위험천만한 인본주의적 쓰레기라고 말이다.

이건 틀린 말이다! 우리 내면에는 거짓되고 쓰라리고 강렬한 힘들이 아우성친다. 우리는 그 힘들이 무엇인지 파악하고 정리해 주어야 한다. 내면의 고통과 혼란은 무시한 채 의무감에 사로잡혀 하나님께 순종할 때, 그리스도와 맺는 관계에서 핵심을 놓치게 된다. 그리스도와 그분의 말씀으로 충분하다는 굳은 믿음을 얻기 위해 굳이 험한 기억이나 깊은 상처를 외면할 필요는 없다. 주님은 우리를 있는 모습 그대로 초대하신다. 아닌 척하지 않아도 된다. 고통을 느끼면 느끼는 대로, 분노하는 자신을 인정하면서, 갈한 영혼을 채워 주실 주님을 갈망하며 나오라고 하신다.

감사하게도, 절대로 사라지지 않을 통증을 지닌 많은 사람들이, 있는 모습 그대로 나오라는 주님의 초대를 받았다. 교회도 이전과는 달리 사람들의 고통을 인식한다. 하지만 환영받아 마땅한 이런 관점에는 역효과도 있었다. 이런 민감함 덕택에 하나님과 더 가까워지고 남들을 더 살뜰히 보살피는 사람이 되어야 하는데, 오히려 자기에게만 더 집중하게 되었다. 우리는 **자신**이 꽤 괜찮다고 느끼고 싶어하고, 그에 필요한 방법을 찾느라 혈안이 되어 있다! 학대받고 상처 입고 부족한 자신에게 모든 관심을 집중하고, 하나님은 그저 위대한 초능력자 정도로 전락했다. 저만치 대기하고 있다가 신호가 떨어지면 얼른 달려와서, 우리 상처를 싸매 주고 책임 있는 생활인으로 복귀시켜 주는 존재로 전락한 것이다.

사람들이 스스로 가치 있고 사랑받을 만한 존재로 느끼게 해주는 일이 교회의 중점 사역이 되었다. 자기부인과 희생적인 섬김을 통해 하나님을 예배하기보다는, 내면의 유아성을 인정하고, 아픈 기억을 치유하고, 중독을 극복하고, 우울증에서 벗어나고, 자아상을 개선하고, 자기보존을 위해 한계를 설정하는 법을 배우는 데 급급하다. 자기혐오 대신 자기애를, 수치심 대신 자기용납을 배우느라 여념이 없다.

고통 해소에 사용하는 에너지가 점점 더 많은 비중을 차지한다. 상당히 우려되는 현상이다. 물론 복음이 주는 축복 중에는 우리가 기쁘게 누릴 수 있는 새로운 정체성도 들어 있다. 하지만 그와 동시에 자기용납보다 더 높은 가치, 즉 오른뺨을 때리면 왼뺨을 돌려 대는 태도, 나보다 남을 높이는 태도, 오 리를 가자고 하면 십 리를 가 주는 태도, 거절과 박해를 견디는 삶, 이생이 아니라 내생의 기쁨을 위해 사는 삶, 그리고 하나님의 선하심을 느끼지 못할 때도 그분의 약속을 굳게 잡는 삶으로 우리를 부르신다. 하지만 우리를 세상이 감당치 못하는 사람으로 만드는(히 11:38) 이러한 고귀한 가치관이 시련을 맞았다.

　우리는 고통을 통해 하나님을 더욱 굳게 잡고 씨름하기보다는, 문제가 주는 고통을 제거하는 데만 몰두한다. **하나님을 찾기보다는 자신을 괜찮은 사람으로 느끼는 것이 더 중요하다.** 설상가상으로, 하나님을 발견하면 자신이 더 괜찮은 사람이 될 것이라고 전제한다.

　결과적으로, 우리가 사랑받고 용납된 존재임을 강조하는 성경 구절은 애송하지만, 그보다 높은 기준을 요구하는 구절들은 은근슬쩍 넘어간다. 하나님의 용납과 구속의 사랑, 그리고 그리스도 안에 있는 우리의 새로운 정체성과 같은 놀라운 진리들을 왜곡해 우리 자신을 높이는 데만 이용할 뿐, 진리를 진리 그대로 보지 못한다. 자신을 미워하는 자들까지 사랑할 정도로 은혜로우신 하나님, 모든 이름 위에 뛰어난 영광을 받기에 합당하신 하나님에 관한 진리는 제대로 보지 못한다.

　우리가 하나님께 드리는 찬양은 마치 정성껏 손님을 접대한 웨이터에게 팁을 주는 자세와 비슷하다. 적정 수준의 접대를 예상했는데, 의외로 훌륭한 접대를 받으면 특별히 팁을 더 주듯이 말이다. 물론 하나님은 특별 대우를 받을 자격이 있으시다. 우리 영혼을 먹이고 우리 자존감을 세워 주느라 고생 꽤나 하셨으니 말이다. 그래서 우리는 하나님께 팁을 듬뿍 주면서, 스스로 너그럽고 고상한 사람이라고 생각한다. 우리가 하나님께 "수고하셨어요! 대접 잘 받았습니다"라고 말하면, 하나님은 고마워하며 다소곳이 활짝 웃으신다.

　이런 적반하장이 있나! 하나님이 우리를 높여 주셨기 **때문에** 비로소 우리가 높임을 받을 자격이 있다니, 순서가 잘못되었다. "어린양에게 영광을"이라고 찬양하는 이유가 하나님의 놀라운 은혜 때문이 아니라, 우리가 가장 중요시하는 것, 바로 우리를 좀 더 괜찮은 사람으로 만들어 주셨기 때문이다. 이제 중요한 것은 하나님이 아니라 우리 자신이 되었다.

제3의 길

현대 그리스도인이 살아가는 방식에는 두 가지 대안이 있다. 영혼이 얼마나 상처받았는지를 깨닫고 하나님이 주시는 치유의 자양분을 먹으며 살든지, 아니면 엄격하고 무심한 아버지에게 복종하듯 하나님께 절대 복종하면서 쓰라린 상처는 함구하는 것이다. 상처를 문제의 핵심으로 보든지, 아예 무시하든지, 둘 중 하나다. 우리의 필요가 최우선 관심이 되든지, 아니면 필요를 언급하는 것조차 불경하게 여기든지, 둘 중 하나다.

하지만 삶을 이해하는 데는 제3의 길이 필요하다. 우리의 느낌보다 더 중요한 것이 있다는 사실을 온유하면서도 끈질기게 주장하면서, 우리의 가장 깊은 갈등을 섬세하게 다뤄 줄 제3의 길이 필요하다. 영혼의 고통을 직면하고, 존엄성이 짓밟힐 때 속상해 하며, 우리가 얼마나 사랑받고자 하는 존재인지, 얼마나 있는 모습 그대로 용납받고 싶어하는 존재인지를 인정하는 것은 건강한 태도다. 하지만 더불어 기억해야 할 점은, 기독교의 핵심은 우리 자신이 아니라 우리를 돌보시는 하나님이라는 것이다.

우리 배가 고프다고 하나님을 함부로 부려서는 안 된다. 하나님은 웨이터가 아니시다. 손가락 한 번 까딱하면, 하늘의 주방에서 음식을 한 아름 들고 와 우리의 주린 배를 채워 주는 분이 아니다. 그리스도는 핏값을 지불하고 우리를 하나님의 백성으로 사셨으며, 우리로 그분을 섬기는 제

사장이 되게 하셨다(계 5:9-10). 우리는 **그리스도를 위해** 존재한다. 그 반대는 말도 안 된다.

하지만 하나님을 예배하고 그분의 기쁨을 위해 산다고 해서, 우리의 감정은 무시해도 되는 노예로 전락하는 것은 아니다. 하나님은 우리의 상한 마음을 헤아리신다. 하나님은 우리가 독특하고 용서받고 소중한 존재이며, 뭔가 기여할 것이 있는 존재라는 새로운 정체성을 누리기 원하신다. 우리가 어떻게 느끼고, 어떻게 대우받고, 무엇을 하고, 그것을 왜 하는지 등은 모두 중요하다. 우리는 하나님이 감독하시는 우주 드라마의 주연이며, 그 역할을 어떻게 하고 있는지 살피는 것은 전혀 잘못이 아니다.

하지만 우리보다 더 중요한 분은 하나님이다. 하나님은 우리에게 그분의 방식대로 그분과의 관계로 들어오라고 초대하신다. 하나님은 그분의 원대한 목적, 곧 악을 벗어던지고 그리스도 안에서 모든 것을 하나로 연합하는 일에 동참하라고 우리를 초대하신다. 간단히 말해서, **하나님**을 발견하라고 초대하신다. 그리고 하나님을 발견하는 과정에서 우리 자신도 발견하게 하신다.

하지만 문제 해결보다 하나님을 발견하는 더 고상한 목적에 피상적으로 동의하는 것으로는 불충분하다. 마치 암이 온몸에 퍼지면서 자기 진로를 방해하는 모든 것을 파괴하듯이, 이 목적의식은 우리 마음 구석구석 침투해야 한다. 하나님이라는 현실이 다른 모든 현실을 밀어내기 전에는, 그 무엇보다도 하나님을 알고 싶은 열망에 사로잡히기 전에는, 인생의 문제가 하나님을 발견할 수 있는 원동력으로 활용될 수 없다. 하나님을 찾는 열망이 그 어떤 열망보다 강렬해지지 않으면, 우리는 하나님 취향이 아니라 우리 취향대로 인생을 꾸려 갈 것이다.

    나의 경우, 이 진리는 학문적인 것이 아니었다. 하나님은 내가 그분을 찾을 수밖에 없도록, 내가 가장 원하는 것을 깊이 깨닫지 않을 수 없도록 혹독한 자비를 베푸셨다. 이제 그 이야기를 풀어 가야겠다.

제1부

하나님 발견하기, 그것이 핵심이다

1장
내 인생의 여정

1991년 3월 3일 일요일 오전 9시 55분. 콜로라도스프링스 행 유나이티드 에어라인 737기가 인근 공원에 곤두박질했다. 탑승객 25명 전원 사망.

그 비행기에는 우리 형도 타고 있었다.

나는 아내와 함께 교회에 있었다. 그때 장로님 한 분이 다가와 내 어깨를 살며시 두드리며 속삭였다. "누가 선생님을 전화로 급히 찾아요." 나는 장로님을 따라 교회 사무실로 들어가 수화기를 받았다.

"여보세요?"

"래리냐? 애비다. 네 형이 사고를 당했다. 포에브가 방금 공항에서 전화를 했더구나. 사고가 어느 정도 심각한지는 모르겠지만, 포에브가 제정신이 아니더라. 네가 좀 가 볼 수 없겠니?" 나는 예배실로 돌아가 귓속말로 아내에게, 아무래도 가 봐야 할 것 같다고 말했다. 나를 불러냈던 장로님을 문간에서 만났다. 장로님께 상황을 간단히 말씀드렸다. 장로님은 몹시 안됐다는 표정으로 우리를 쳐다보셨다. 그때 처음으로 나는 완전히 무너졌다.

    덴버에서 한 시간 남짓 차를 몰아 콜로라도스프링스 공항에 도착하니 인산인해였다. 그날따라 유난히 더 북적거리는 것 같았다. 나는 유니폼을 입은 공항 직원을 붙잡고 상황을 물어보았다. 그가 말했다.

    "737기가 공항 바로 북쪽에서 추락했고, 생존자는 없습니다."

    나는 공항 터미널을 나가 우회로에 서 있는 아내에게 짧게 말했다. "형이 죽었대." 그때 처음으로 나는 무거운 돌덩이가 가슴에 덜컥 내려앉는 듯한 허망함을 느꼈다.

무서운 갈망

비행기 추락사고 후 2주 동안 나는 수도 없이 울었다. 지금도 우리 가족이 겪은 그 아픔이 가끔씩 생각날 때마다 마음이 무너지곤 한다.

    하지만 사고가 난 지 2주 후에, 아직도 다 쏟아 내지 못한 눈물이 있다는 것을 감지했다. 형의 죽음으로 겪은 극심한 상실감보다 훨씬 더 깊은 속에서 복받쳐 오르는 눈물이었다. 나는 이상한 일이 내 속에서 일어나고 있다고 아내에게 말했다. 무서운 열망이 소용돌이치고 있었다. 임박한 지진을 예고하는 초기 경보처럼, 조용한 진동이 내 영혼을 뒤흔들었다.

    3월 17일 일요일 하루 종일, 나는 어쩔 줄 몰라 안절부절못했다. 그날 밤은 잠도 오지 않았다. 자정이 다 된 시각, 나는 침대에서 슬며시 빠져나와 성경을 들고 나만의 공간인 서재로 갔다.

    의자에 앉자마자 드디어 댐이 무너졌다. 그 이유는 아직도 정확히 모르겠다. 눈물이 걷잡을 수 없이 흘러 얼굴을 흠뻑 적셨다. 20분 정도를 흐

느끼다, 엉엉 울다, 숨을 고르다 했다. 그 사이 내 입에서는 단 한마디 말도 새어 나오지 않았다. 그저 처절한 고통으로 흐느끼는 영혼의 신음 소리만 들릴 뿐이었다. 나는 내 이해를 훌쩍 넘어서는, 말로 표현할 수 없는 슬픔을 느꼈다. 그때 소스라치게 또렷한 깨달음이 왔다. 누구나 그렇듯이, 나 역시 에덴동산에서 추방되어 돌아갈 길을 잃어버린 존재라는 깨달음이었다.

마침내 말이 터져 나오기 시작했다. 처음에는 조용하게, 그러다 거의 울부짖음에 가까울 만큼 절절하게 주님께 부르짖었다. "주님, 이 현실을 견딜 수가 없습니다. 인생이 너무 고통스럽습니다. 저는 이기적이고, 아무것도 견뎌 낼 수가 없습니다. 만족도 없습니다. 아무것도 위안이 되지 못해요. 무엇이 선(善)인지도 모르겠습니다. 안식이 없습니다. 슬픔이 기쁨을 덮어 버립니다. 주님을 더 잘 알지 않고서는 한발짝도 내디딜 수가 없습니다."

그러자 눈물이 처음 쏟아질 때처럼 그렇게 갑작스럽게 멎었다. 나는 잠잠히 앉아 있었다. 내 속 깊은 곳의 존재가 하나님과 연결되고 있다는 것을 감지했다. 하나님과의 연합을 사모하는 나의 뜨거운 갈망을 하나님도 무척 기뻐하실 것 같았다.

한 10분쯤은 그렇게 기분이 좋았던 것 같다. 그리고 나서 뒤통수를 한 대 맞은 듯 퍼뜩 이런 생각이 들었다. "나는 완전히 **나한테만** 폭 빠져 있구나! 하나님과는 사정없이 거리가 멀군. 내 관심사는 하나님이 아니라 **나뿐**이야!" 아까보다 훨씬 더 격한 눈물이 또다시 쏟아졌다.

나는 고통으로 몸을 뒤틀며 울부짖었다. "하나님, 어떻게 당신께로 가야 할지 모르겠습니다. 당신을 알고, 당신의 임재를 의식하고, 당신의 사랑을 느껴야겠는데, 정말 꼭 그래야겠는데, 어떻게 해야 할지 모르겠습니다. 제가 가는 길은 죄다 제게로 되돌아오는 길뿐입니다. 당신께로 가는 길을 찾아야만 합니다! 당신만이 저의 전부라는 걸 잘 압니다. 하지만 제게 **필요한 건 오로지 당신뿐임을 깨달을 만큼, 제가 당신을 충분히 알지 못합니다. 당신을 찾게 해주세요."**

내가 천상에서 고요히 들려오는 하나님의 음성이나 환상을 체험하고 싶어했다면, 그때야말로 절호의 기회였다. 하지만 아무 일도 일어나지 않았다. 부드러운 빛이 내 서재로 쏟아져 들어오는 일은 없었다. 침묵을 깨고 음성이 들려오지도 않았다. 나는 마냥 홀로 앉아 있었다. 그리고 다시 잠잠해졌다.

눈물이 그치고, 눈물샘도 완전히 말라 버렸다. 기분은 여전히 참담했지만, 미칠 것 같은 정도는 아니었다. 그저 망연자실해 있었다.

그렇게 몇 분을 맥 놓고 있다가, 아무 생각 없이 성경을 집어 들었다. 무릎 위에 성경을 올려놓고, 어디서부터 읽어야 할지 몰라 막막하게 들여다보기만 했다.

조금 전에 내가 했던 말, "당신을 더 알아야겠는데 어떻게 해야 할지 모르겠습니다"라는 말이 떠올랐다. 처음에는 가볍게, 그러다 점점 더 강하게 히브리서 11:6로 마음이 기울었다. "믿음이 없이는 하나님을 기쁘시게 하지 못하나니 하나님께 나아가는 자는 반드시 그가 계신 것과 또한 그가 자기를 찾는 자들에게 상 주시는 이심을 믿어야 할지니라."

그 구절을 찾아 서너 번 읽었다. 그 구절이 나를 사로잡았다. 그 구절에 힘이 있다는 것, 내가 결국 알게 될 힘이 있다는 것을 깨달았다.

나는 그리스도인의 삶을 여는 열쇠를 찾을 수 있다는 희망을 오래전에 포기했다. 한번 찾기만 하면 끝까지 손에 쥐고 필요할 때마다 신비의 문을 열어 준다던 열쇠였다. 하지만 그날 밤, 예수 그리스도와 하늘나라가 실재하고, 그리스도인의 삶은 초자연적인 삶임을 깨달았다. 비록 내가 최종적이고 궁극적인 진리를 찾아낼 것은 아니지만, 그 구절에는 깊이 생각해 볼 중요한 내용이 있다는 것, 하나님이 나를 그분을 발견하는 길로 안내하시려 한다는 것을 감지했다.

나는 그 히브리서의 구절에 대해 신선한 통찰력 하나 건지지 못한 채 다시 잠자리에 들었다. 하지만 아주 묘한 흥분 속에서 어떤 확신을 느꼈다. 땅 속에서 보물이라도 발견한 기분이었다. 하나님을 알고 싶어하는 내 갈망과 딱 어울리는, 자유롭게 하는 진리를 발견하리라는 확신이었다.

하나님을 찾아서

그 후 몇 주 동안 그 히브리서 구절이 뇌리에서 떠나지 않았다. 아니, 떨쳐 버릴 수가 없었다. 그 구절을 다시 읽고, 곰곰이 생각해 보고, 문맥도 연구하고, 이미 용서받은 영혼이 어떻게 하나님께 나아올 수 있는지 성경을 통해 알게 된 모든 사실을 묵상하면서, 지혜를 구했다.

그 묵상 기간에 형성된 여러 생각이 바로 이 책의 기반이 되었다. 그렇다고 내 생각이 완전히 새로운 내용은 아니다. 오히려 성경 본문만큼이나 오래된 것들이다. 하지만 나에게는 신선했다. 어떤 생각들은 지금 더 명료해진 경우도 있다. 우리가 인생을 이해하는 데 중요한 지침이 되는 생각들 말이다.

　하나님이 그 구절과 성경 전체를 통해 말씀하시려는 바를 깨달아 가는 이 여정에 당신도 동참하기를 권한다. 오직 그리스도인만이, 받을 자격 없는 놀라운 하나님의 용서를 받고 안식을 누리는 자만이 이 길을 걸을 수 있다. 하나님을 싫어하는 마음이야말로 가장 추하고 문제 많은 영혼의 현실임을 직시하고 경멸하는 자만이 이 길을 걸을 수 있다.

　외로움에 지친 독신이 어떻게 하나님을 발견할 수 있는가? 자식을 잃은 부모가 어떻게 하나님의 선하심을 누릴 수 있는가? 대가족이 딸린 파산한 가장이 어떻게 하나님 안에서 안식할 수 있는가? 낙심과 혼란과 무기력증에 빠진 십대가 어떻게 하나님 안에서 계속 살아갈 자신감을 얻겠는가? 하나님을 찾는 이들에게 히브리서 기자가 들려주는 말을 함께 생각해 보자.

2장
생존이 인생의 전부가 아니다

살인적인 고통을 견뎌 낼 때 신학은 풍요로워진다. 그리고 건전한 신학은 고통을 통해 그리스도를 더욱 풍성하게 경험하는 소망과 사랑과 기쁨으로 우리를 인도한다.*

우리 마음을 열어 하나님을 찾게 만드는 고통은 심오하다. 불만에 가득 차 투덜대는 까다로운 불평분자의 고통 정도가 아니다. 자기중심적인 태도 때문에 나쁜 결과를 맛본 자아도취자의 고통도 아니다. 자기를 더 좋아하고 인생을 더 즐기려는 갈망만 부추기는, 오늘날 만연한 심리적 상처

---

* 책만 읽어서는 흥미진진한 성경의 메시지를 제대로 알 수 없다. 말씀에 계시된 하나님을 만나 변하지 않은 채, 학문적인 정확성과 교리적 순수성만 중요시하며 성경을 학구적으로만 탐구하면, 겸손히 그리스도를 체험하지 못하고 교만하게 지식만 쌓게 된다. 삶을 왜해하는 고집스런 교리만 발전한다. 그리하여 자유롭게 하는 복음의 능력을 잃어버린다.

성경의 맥박을 느끼고 하나님의 심장 박동소리를 들으려면, 에덴동산에서 쫓겨난 인간의 암울한 현실을 끌어안고 적극적으로 씨름해야 한다. 타락한 세상에서 타락한 자들과 마찬가지로 우리 역시 인생의 어려움 앞에서 죄와 실망으로 영혼을 마비시킨다면, 아무리 성경을 읽는다 해도 자유롭게 하는 진리보다는 거품투성이 지식만 양산할 것이다.

에서 오는 고통도 아니다.

그 고통은 절대로 얻을 수 없는 기쁨을 누리기 원하는 자의 고통이며, 인생의 불행은 불가피할 뿐만 아니라 어쩌면 당해 마땅하다고 두려워하는 자의 고통이다. 우리로 하여금 잠잠히 서서 자신을 능가하는 그 무엇, 나는 누구이며 어떻게 살아야 하는가라는 고민보다 더 중요하고 흥미진진한 그 무엇을 생각하게 하는 고통이다. 인생과 하나님에 대해 처절한 질문을 던지게 하는 고통이다.

건전한 신학으로 이끄는 고통은 마치 밤 12시에 낡은 집을 혼자 걷는 것과 같다. 무슨 소리가 나는 듯해서 순간 걸음을 멈춘다. 눈에 안 보이는 집주인이 어딘가에 있는 것만 같아 옴짝달싹 못하고 온 신경을 곤두세운다.

에덴동산에서 쫓겨나 돌아갈 길이 없으며, 초자연적인 권세들이 우리 주위를 맴돌고 있다는 두렵고 섬뜩한 사실을 깨달을 때, 우리는 비로소 걸음을 멈추고 현실 너머에 귀를 기울인다. 그런 끔찍한 깨달음이 있을 때, 우리는 말씀(Word)을 통해 말씀하시는 하나님의 음성을 듣고, 삶의 새로운 차원으로 들어선다.

히브리서 11:6을 읽던 그날 밤, 바로 그런 고통이 나를 엄습했다. 나는 하나님의 음성을 듣고 싶었다. 아니 꼭 들어야만 했다. 그분을 발견하는 것보다 더 중요한 일은 없었다. 설교 준비나 저술에 써먹을 여러 생각을 정리하는 일보다 훨씬 더 중요한 사명에 발을 들여놓고 있었다. 살길을 찾아 몸부림쳤다.

목마른 사슴이 시냇물을 찾아 헤매이듯이, 히브리서 11:6에 푹 빠져 하나님을 찾았다. "믿음이 없이는 하나님을 기쁘시게 하지 못하나니 하나님께 나아가는 자는 반드시 그가 계신 것과 또한 그가 자기를 찾는 자들에게 상 주시는 이심을 믿어야 할지니라."

11장에 끼어든 세 문장

이 본문의 문맥을 이해하기 위해 히브리서 11장 전체를 읽었다. 이 장은 구약에 나오는 수많은 믿음의 영웅들의 삶을 기록하고 있다. 무엇보다 내가 놀란 것은, 히브리서 11장에 아주 짤막한 원리 또는 관찰이라 할 만한 문장이 세 번이나 끼어든다는 점이었다. 첫 번째로 끼어든 문장(6절)은 하나님께 나아간다는 것이 무슨 의미인지 상세히 설명한다. 두 번째 문장(13-16절)은 구약의 믿음의 영웅들이 더 나은 본향, 즉 천국을 사모했다고 선언한다. 세 번째 문장은 11장 마지막 부분(38-40절)으로, "하나님이…… 더 좋은 것을 예비하셨다"라고 단언한다.

저자는 어떤 영감을 얻어 각 원리를 그 자리에 끼워 넣은 것 같았다. 그 이유를 깊이 생각해 보니, 각 원리 앞에 언급한 사람들의 삶이 바로 그 원리를 설명해 주는 것이 아닌가 싶었다. 만일 그렇다면 히브리서 저자의 의도는 이런 것이리라. "내가 6절에서 한 말이 무슨 의미인지 알고 싶으면, 그 앞에 나오는 사람의 삶을 살펴보십시오. 하나님께 나아간다, 믿음으로 하나님을 기쁘시게 한다, 하나님은 자신이 말씀하신 그대로의 존재임을 믿는다, 때가 되면 상 주시는 분임을 신뢰하라는 내용을 이야기할 때, 나는 에녹을 염두에 둔 것입니다. 하나님께 나아가고 그분을 발견할 방법을 알고 싶다면, 에녹의 삶을 연구하십시오!"

나는 하나님을 더 알지 않고서는 에덴동산 밖에서 살아남을 수 없음을 알았다. 내 안에서 끓어오르는 싸움은 내가 도저히 이길 수 없는 싸움이었다. 해결 방법은 둘 중 하나였다. 고통스러운 현실을 부정하든지(하지만 현실을 부정해야만 믿을 수 있는 하나님이라면, 그 하나님에 대한 신뢰도 떨어지고 신뢰할 가치도 없지 않은가), 죄가 주는 일시적 짜릿함으로 고통을 잠시 마비시키는 것이다(하지만 잠시의 쾌락은 기나긴 불행을 초래한다). 그것이 아니면, 하나님께 철저히 순종함으로 하나님을 구슬려서 내게 건강과 부와 성공적인 인간관계를 허락하시고 골칫거리는 주지 마시기를 바라는 것이다(하지만 하나님은 동전만 넣으면 사탕이 나오는 자동판매기가 아니다).

나는 하나님의 방식대로 하나님께 나아가야 했다. 나는 예레미야 시대에 고난받는 자기 백성에게 주신 하나님의 말씀에서 소망을 보았다. "너희가 온 마음으로 나를 구하면 나를 찾을 것이요 나를 만나리라. 이것은 여호와의 말씀이니라. 나는 너희들을 만날 것이며"(렘 29:13-14).

하지만 온 마음으로 하나님을 찾는다는 말은 무슨 뜻인가? 열심히 순종한다? 텔레비전을 조금만 본다? 헌금을 많이 한다? 성경공부 모임을 하나 더 인도한다? 말씀 묵상을 규칙적으로 더 많이 한다? 기도 제목을 추가한다? 기독교 방송만 듣는다? 전도를 열심히 한다? 쇼핑을 덜 한다? 요구사항이 많은 직원과 원만하게 지낸다? 철야기도를 한다?

어떻게 해야 하나님이 원하고 기뻐하시는 방법대로 그분께 나아갈 수 있을까? 어떻게 해야 하나님을 발견하리라는 확신에 차서 나아갈 수 있단 말인가? 나는 에녹의 삶에서 그 답을 찾기로 했다.

하나님과 동행한 에녹

나는 에녹을 처음으로 언급하는 창세기 5:18-24을 살펴보았다. 창세기 5장에 나오는 족보는 대충 훑어보거나 아예 건너뛰고 싶다. 하지만 그러지 말고 찬찬히 읽으면서 혹시 눈에 띄는 구절이 있나 살펴보라.

이 장에서는 남자 열 명을 언급하는데, 아담으로 시작해서 셋을 거쳐 노아로 끝난다. 한 남자가 아버지가 된 후 몇 년을 더 살았다는 식의 표현이 규칙적으로 나온다. 4, 7, 10, 13, 16, 19, 26, 30절에 나오는 "지내며"라는 단어를 주목하라. 각 남자는 아버지가 된 시점부터 장사된 날까지 "지내며"라고 표현되어 있는데, 노아와 에녹만 예외다(노아의 죽음은 뒷부분에 나온다).

22절을 주목해 보자. "[에녹은] 므두셀라를 낳은 후 삼백 년을 하나님과 동행하며 자녀들을 낳았으며." 다른 남자들은 그냥 살았을 뿐인데, 에녹은 **하나님과 동행했다**. 눈에 띄게 대조적인 표현이다.

"하나님과 동행했다"는 것은 할당된 햇수를 "지냈다"(살았다)는 것과 어떻게 다른가? 하나님께 나아가 그분을 발견하고자 한다면, 가장 먼저 던져야 할 질문은 이 질문인 것 같다. '나는 근근이 살아갈 뿐인가, 아니면 하나님과 동행하는가?' (내가 과연 하나님과 동행할 수 있을지 확신이 없다. 때로는 그 가능성이 너무 희박해 보인다. 에녹은 성경 인물이지만, 나는 그저 평범한 현대인이 아닌가. 하지만 어떤 때는 나도 하나님과 동행할 수 있다는 가능성이 숨 막히는 현실로 다가올 때도 있다.)

아모스 선지자는 "두 사람이 뜻이 같지 않은데 어찌 동행하겠으며"라고 말했다(암 3:3). 따라서 분명한 사실은, 하나님과 동행하려면 둘이 같은 방향으로 가야 한다는 것이다. 하나님은 타협하지 않는 분이시므로, 내가 그분의 길에 동참해야 한다. 내가 원하는 길로 하나님이 같이 가시지는 않을 것이다.

하나님의 길은 분명하다. 그분은 자신을 온전히 바쳐 "하늘에 있는 것이나 땅에 있는 것이 다 그리스도 안에서 통일되게 하려" 하신다(엡 1:10). 하나님과 동행하기 원한다면, 내가 그 길에 동참하는 것 외에는 선택의 여지가 없다. 그분의 길에 동참하려면 그리스도를 높이는 일을 나의 모든 야망보다 우선해야 한다. 이 목적에 반하는 것은 모두 포기해야 한다.

상당히 버거운 조건이다. 예수님을 따르려면 내 것을 내려놓아야 한다. 그저 새로운 정체성을 누리고 기뻐하는 것만으로는 안 된다. 때로는 인생의 유일한 소망마저 포기해야 할 것처럼 느낄 때도 있다.

남편이 주기적으로 십대 아들을 구타하는 주부와 상담한 적이 있었다. 아들은 아버지를 너무 무서워했고, 자기를 그런 아버지로부터 보호해 주지 않는 하나님을 믿지 않기로 했다. 아이 엄마는 가슴이 미어지고, 혼란스럽고, 화가 났다. 그래서 도움을 요청하러 왔다.

이 주부는 열 살 때 어머니를 여의고, 4년 후에는 아버지도 스스로 목숨을 끊고 말았다. 열네 살 소녀는 세 동생을 돌봐야 한다는 부담으로 어깨가 무거웠다. 세월이 흐르면서 그녀는 매우 책임감 강한 여성이 되었다. 자기 문제는 물론 남의 문제에도 두 팔 걷어붙이고 나섰다.

이 여성과 이야기를 나누는 도중에 나는 그녀가 체념 상태로 내 말을 듣는다는 느낌이 들었다. "도와주시려는 선생님 마음은 정말 감사해요. 말씀은 잘 새겨 보겠지만, 정말로 저를 도와줄 사람은 한 명도 없어요. 그건

제가 잘 알아요. 그렇게 강하고 살뜰한 사람은 없거든요. 제 행동은 제가 결정하고 제가 책임지는 거죠. 전적으로 제 책임이에요." 입 밖으로 꺼내지는 않았지만, 그녀의 태도는 분명 그런 뜻을 담고 있었다.

어느 시점에서, 나는 그녀에게 불굴의 전사 역할을 떠맡고 있지 않냐고 넌지시 말했다. 스스로를 눈보라가 몰아치는 벌판에서 길을 잃은 탐험대 대장으로 여기고 있었다. 모든 것이 그녀의 어깨에 달려 있었다. 그녀의 유일한 목표는, 자신의 넉넉한 자원을 긁어모아—그녀는 유능한 여성이었다—모든 대원을 안전하게 대피시키는 것이었다.

영혼 깊숙이 그런 결의가 박혀 있었다. "어떻게 내 아들을 도울까?", "남편은 어떻게 상대해야 하나?" 하는 고민거리는, 인생을 잘 운용해 보려는 결연한 의지의 표현이었다. 하지만 그렇게 뜨거운 열정 배후에는 누가 자기 옆에 있어 주고 자신을 사랑해 주기를 바라는 외로운 울부짖음이 있었다. 누군가 위험에 처한 탐험대 대장이라는 의무감에서 해방해 주기를 바랐다. 하지만 나처럼 막상 누가 도와주려 하면, 그 사람을 믿지 못하고 뒤로 물러섰다.

그녀의 목표는 자기 세상을 잘 교정해서, 그 세상의 보살핌을 받는 것이었다. 하지만 하나님의 목표는 모든 것이 다 그리스도 안에서 통일되어 그분께 무릎 꿇고 절하는 것이다. 그러므로 그녀는 하나님과 동행하지 못했다. 둘은 다른 방향으로 가고 있었다. 그녀는 하나님과 동행하려고 하나님께 나온 것이 아니라, 목표 달성에 필요한 힘과 에너지를 달라고 그분을 설득하러 나온 것이다. 방향을 바꾸지 않는 한, 결코 그 상황에서 평강을 누리거나 상황을 헤쳐 나갈 지혜를 얻을 수 없을 것이다.

에녹은 하나님과 동행했다. 나도 에녹처럼 하나님께 나아가고 싶다면, 단순한 헌신기도나 경건의 모양새를 갖추는 정도로는 부족했다. 마취도 건너뛸 만큼 수술은 시급했다. 만사를 내 식대로 하려는 고집을 도려낼 근본적인 수술 말이다. 그리고 놀랍게도 나는 그 수술을 받기 싶어졌다. 나의 치명적인 질병을 노련한 의사이신 하나님께—어떤 환자건 다 고치시는 그분께—맡기는 편이 현명할 듯싶었다.

하지만 수술 과정이 쉽지 않다는 사실을 곧 깨달았다. 수술의 순수한 목적에 의지적으로 내 자신을 맡겨야 했고, 정기적으로 그 목적을 되새겨야 했다. 고통이 너무 심해 벗어나고 싶을 때는 더더욱 그랬다. 그리고 고통스러워하는 영혼을 달래려고 도덕적 한계선을 넘는 행위를 합리화하는 나 자신을 직시해야 했다. 내 안에 도사리고 있는 그 역겨운 힘을 직시해야 했다. 자기중심적인 생각에 하나님에 대한 의심이 더해져서, 하나님은 나의 유익을 위해 일하실 분이 아니라며 울분이 치솟을 때면, 다시금 회개의 영이 고개를 내밀며 하나님을 찾는 마음을 회복하곤 했다.

이 수술은 하루아침에 끝나지 않는다. 의사는 손에 칼을 들고 계속 나를 따라다니면서, 자기중심주의라는 질병을 온유하게 지적하고, 또 한 번의 수술을 위해 내가 얌전히 눕기를 기다리신다. 수술 효과는 정말 놀랍다. 나는 하나님의 목적을 추구하는 데 더 많은 힘을 쏟고, 혹시라도 그에 대적하는 나의 목적이 있지 않나 살피게 된다. 물론 아직도 남들이 나를 함부로 대하면 속상하지만, 그래도 그 의사에게 나를 드리고 나면, 억울한 대우 때문이 아니라 그리스도를 향한 나의 헌신이 미약함을 슬퍼하게 된다. 그리고 든든히 받쳐 주는 내 자존감 때문이 아니라, 자비로우신 주님 때문에 기뻐한다.

하나님께 나아가는 자는 에녹처럼 나아가야 한다. 자기 인생을 의식적으로 영원한 목적에 넘겨 드리고, 하나님이 자녀들에게 언제나 즉각적인 위로를 주시지는 않는다는 점을 의식하며 나아가야 한다.

불편보다 불경함을 두려워하는 자

에녹의 두 번째 특징이 있다. 그는 사람들에게 상처를 받을 때보다 사람들이 이기적으로 행동할 때 더 마음 아파했다. 그때나 요즘이나 대부분의 사람들과는 전혀 다른 태도다. 유다서는 에녹의 유일한 설교를 기록했다. 이 설교에서 에녹은 사람들이 거룩함보다 즉각적인 위로와 쾌락을 중시하는 것을 통탄했다. "아담의 칠대 손 에녹이 이 사람들에 대하여도 예언하여 이르되 보라, 주께서 그 수만의 거룩한 자와 함께 임하셨나니 이는 뭇 사람을 심판하사 모든 경건하지 않은 자가 경건하지 않게 행한 모든 경건하지 않은 일과 또 경건하지 않은 죄인들이 주를 거슬러 한 모든 완악한 말로 말미암아 그들을 정죄하려 하심이라 하였느니라"(유 14-15절).

에녹 시대나 유다 시대나 우리 시대나 문제는 똑같다. 어느 시대나 불편함(자기혐오, 낮은 자존감, 불면증, 경제적 압박, 외로움 등)이야말로 우리가 구원받아야 할 가장 악한 현실이라고 생각한다. 안락을 추구하는 태도와 기독교가 혼합될 때, 예수님은 거룩한 안마사가 된다. 우리가 먼저 충분한 휴식을 취한 다음에야 예수님의 형편에 신경 쓴다. 하지만 이것은 성경이 말하는 기독교가 아니다. 그리스도는 고난중에 위안이 아니라 소망을 주시며, 우리의 무사안일만 챙기기보다 그분을 뜨겁게 추구하라고 명하신다.

에녹은 하나님을 거스르는 완악한 말을 하지 말라고 경고했다. 하지만 우리는 고난 앞에서 너무 쉽게 불평한다. 왠지 불공평한 것 같고 하나님도 무심하게 느껴진다.

신학교에서 신붓감을 만난 친구가 있다. 그는 하나님의 뜻만 확실하다면 그녀와 결혼하기로 작정했다. 기도도 열심히 하고, 경건한 사람들의 조언과 부모님의 훈계도 들었다. 교제 기간에 도덕적으로도 최고 수준을 지켰다. 주변 사람들의 인정을 받으며 그는 청혼했고, 두 사람은 기독교 사역에 몸 바치기로 합의했다.

그렇게 결혼생활 7년에 두 아이까지 둔 상황에서, 어느 날 아내가 비밀을 털어놓았다. 자기는 레즈비언이며 오랫동안 몰래 만나던 애인과 살고 싶다고 했다. 그렇게 그녀는 가정을 버리고 남편과 이혼하고 동성 애인과 함께 살았다. 그리고 6년 후, 결국 자살하고 말았다. 그 친구의 두 자녀는 지금 십대인데, 심각한 문제를 안고 있다. 딸은 폭식증과 문란한 생활에 젖어 있고, 아들은 열 살 때부터 마약을 상습 복용했다는 사실이 최근에 밝혀졌다.

이 사람이 당신에게 도움을 청한다고 가정해 보자. 자기의 서러운 처지를 한탄하며, 두 자식과 죽은 아내 생각에 펑펑 울다가 이렇게 부르짖는다. "왜 하나님은 아무 일도 안 하신 거죠? 왜 그 여자와 결혼하게 놔두고 이렇게 고난만 겪게 하시는 거죠? 저는 하나님의 뜻을 열심히 구했는데, 결과가 이게 뭡니까? 이제 내가 어떻게 하나님을 신뢰할 수 있겠어요? 모든 게 무너졌는데. 자식 놈들이 제정신을 차릴지도 알 수 없고, 집사람이야 보나마나 지옥에 떨어졌을 텐데요!"

당신이 욥의 친구들이 쓰던 신학 논리를 편다면, 이 사람도 욥이 받은 정도의 도움밖에 받을 수가 없다. 네가 원하는 것을 하나님한테서 얻어 내려면, 네 상황을 하나님께 아뢰고, 도리에 맞게 살고, 네가 저지른 모든 악을 회개해라. 그러면 하나님이 "반드시 너를 돌보시고 네 의로운 처소를 평안하게 하실 것이라"(욥 8:6).

이 말을 우리 시대에 적용하면 이런 식이다. "당신은 하나님을 조종해서 원하는 것을 얻어 낼 수 있다. 하나님이 아내를 다시 살려 내거나 자녀들을 고쳐 주지는 않겠지만, 당신이 스스로 괜찮은 사람이라는 느낌을 갖도록 도와줄 것이다. 힘든 상황은 바뀌지 않겠지만, 당신은 자신을 용납하고 있는 모습 그대로 누릴 수 있다."

현대인들은 모든 지각에 뛰어난 하나님의 평강이 늘 유쾌한 상황을 말한다고는 생각하지 않는다. 평강이란 자신의 가치와 중요성을 알고 만족하는 상태라고 생각한다. 하지만 이것은 오해다. 이런 관점은 둘 다 문제의 핵심을 놓치고 있다. 하나님의 평강은 삶이 힘겹고 자존감이 낮은 상황에서도 하나님의 선하심을 확신하는 사람에게 임한다. 하나님의 평강과 초라한 자아상을 동시에 경험할 수 있음을 명심해야 한다.

하나님이 선하시다는 확신이 없을 때, 그분의 선하심을 진지하게 믿어 보려는 노력조차 무시당할 때, 나는 조용히—그러나 입을 앙다물고 단호하게—내 무사안일은 내가 책임지겠다고 나선다. 그리고 하나님의 사랑은 나를 사랑하기 위한 허울 좋은 구실이 될 뿐이다. "하나님은 나를 사랑하셔. 나를 완전히 용납하시지. 내가 하나님의 자녀답게 나 자신을 누리기 원하셔. 그러니까 내가 스스로를 점점 더 많이 누리는 것이야말로 하나님의 핵심 계획이지"라고 생각하면서 말이다.

유다는 "우리 하나님의 은혜를 도리어 방탕한 것으로 바꾼" 사람들을 "경건하지 아니한" 사람이라고 한다(유 4절). 간음이나 사기, 술 취함 같은 분명한 죄만 불경하고 부도덕하다고 생각하면 오산이다. 당면한 문제 해결을 하나님보다 우선순위에 두는 태도 역시 부도덕하다.

내 친구가 당면한 싸움은, 하나님이 아내의 자살을 막아 주지 않고 딸의 폭식증과 문란한 생활, 아들의 상습적인 마약 복용을 그대로 놔두셨을지라도, 그분이 신뢰할 만한 분이심을 믿어야 한다는 것이다. 이 싸움에서 질 경우, 그는 행복을 원하는 불경건한 요구보다도 그에게 일어난 많은 나쁜 일들 때문에 훨씬 더 상처받을 것이다. 그가 이 싸움에서 이길 경우, 인생의 폐허에서 조금이나마 행복을 건지려는 마음을 버리고 하나님의 목적에 헌신하는 사람이 될 것이다. 그는 비록 잠깐 일별하는 정도나마 진정한 기쁨을 발견할 것이다.

우리는 고난 가운데서도 하나님의 선하심을 고백해야 한다. 정말 그러시니까! 그리고 만사가 잘 풀릴 때는, 그런 즉각적인 축복을 넘어서는 이유들로 하나님의 선하심을 고백해야 한다. 그렇지 않으면 상처 입을 때마다 하나님께 함부로 말할 것이고, 영혼의 만족을 위해서라면 무슨 짓이든 할 것이다. **불경함보다 불편을 더 싫어할 것이다.**

하나님께 나아가 그분을 발견하려면, 에녹처럼 나아가야 한다. 어떤 상황에서든 하나님은 선하심을 믿고, 편안함을 추구하기보다는 하나님을 영화롭게 하기를 바라는 마음으로 나아가야 한다.

에녹과 라멕

유다서 14절을 다시 한번 보자. 유다는 에녹을 "아담의 칠대 손"이라고 소개한다. 물론 그렇게 말한 이유는 성경에 나오는 다른 에녹과 구별하기 위해서다.

하지만 에녹의 삶을 통해 하나님께 나아가는 의미를 살펴본다는 관점에서 볼 때, 이 구절에 어떤 교훈이 들어 있다는 생각이 들었다. 그래서 창세기로 돌아가 아담에 뒤이어 등장하는 두 갈래 인류를 기억하게 되었다. 하나는 셋을 통해, 또 하나는 가인을 통해 내려오는 족보다. 에녹은 아담에서 셋으로 이어지는 일곱 번째 후손이었다.

그러자 두 가지 질문이 생겼다. 그러면 아담에서 가인으로 이어지는 일곱 번째 후손은 누구일까? 가인의 특성이 후손에게도 나타나는가? 이 질문에 대한 해답을 찾다 보면 에녹과 정반대의 성향이 드러나, 하나님께 나아가지 *않는* 태도는 무엇인지 알 수 있겠다는 생각이 들었다.

창세기 4:17-24을 보면, 아담에서 가인으로 이어지는 일곱 번째 후손은 라멕이다. 그는 역사상 최초로 부인을 여럿 둔 인물이다. 그가 두 아내에게 자랑하는 말을 들어 보면, 그 역시 제멋대로 산 사람이 분명하다. "라멕의 아내들이여, 내 말을 들으라. 나의 상처로 말미암아 내가 사람을 죽였고 나의 상함으로 말미암아 소년을 죽였도다"(창 4:23).

원시 사회에서 사람 수는 힘을 의미했다. 어쩌면 그는 자기 세력을 극대화하려고 하나님의 계획은 무시한 채 아내를 둘씩이나 두었는지도 모른다. 성경에는 라멕이 하나님께 나아갔다는 언급이 전혀 없지만, 설령 그렇다 하더라도 자기중심적인 목표를 달성하는 데 필요한 자원을 동원하기 위해서였을 것이다.

라멕이 자기의 무사안일을 챙기는 모습을 보면 가인에게서 물려받은 성향이 고스란히 드러난다. 유다는 이 성향을 "가인의 길"이라고 말한다. 하나님은 동생을 죽인 가인에게 "땅에서 피하며 유리하는 자"가 되는 형벌을 내리셨다(창 4:12). 자기 집에서 짐을 풀고 쉴 수 있는 삶이 금지된 것이다.*

가인은 "내 죄벌이 지기가 너무 무거우니이다"라고 하나님께 불평했다(창 4:13). 그리고 그 운명을 극복하려고 자기 힘으로 안락한 삶을 꾸리려 했다. 그래서 가정을 꾸미고 성을 쌓기 시작했다(창 4:17).

가인은 회개는 하지 않고 자기 힘으로 죄의 결과를 극복하고 편안한 삶을 꾸릴 계획을 세웠다. 사실 가인은 이렇게 말한 셈이다. "좋아요. 난 에덴동산 밖에 있어요. 당신이 우리 부모를 에덴에서 쫓아내고 천사를 시켜 화염검으로 막은 다음부터, 잡초와 가시덤불이 무성한 세상에서 사는 법을 터득해야 했어요. 하지만 아무리 에덴 밖에 있기로서니, 유목민처럼 비참하게 살 수는 없잖아요. 여기를 다시 에덴처럼 꾸밀 수만 있다면 무슨 일이든 할 거예요. 성도 쌓고, 꽃도 심고, 아이들이 뛰어놀 공원도 꾸밀 거예요. 정착하려는 노력도 안 해 보고 계속 방랑만 할 수는 없죠. 내 편함보다 중요한 건 없으니까요."

* 여행을 해본 사람이면 가인의 이 끔찍한 운명을 어느 정도 느낄 수 있다. 우리 부부는 최근 한 달간 유럽 여행을 다녀왔다. 4주일간 4개국을 돌며 아홉 군데 숙소에서 잠을 잤다. 그동안 우리는 짐 가방을 완전히 푼 적이 한번도 없었다. 잠시 있다 또 이동할 테니 말이다. 어디서도 집이라는 느낌을 받을 수 없었다. 여행 기간 내내 많은 친구들의 환대를 받았지만, 여행이 끝날 즈음 우리는 집 생각만 간절했다. 집으로 돌아와 제일 먼저 한 일은, 짐을 풀고 가방을 지하실 창고에 갖다 놓은 것이다. 늘 떠돌기만 할 뿐 집에는 아예 못 돌아온다고 생각하면 몸서리가 쳐진다.

가인이 이런 자세를 후손에게 물려줌으로써 우리는 인생에 접근하는 두 가지 방식을 갖게 되었다. 라멕의 방식(가인의 불경건한 영향력을 이어받았다)과 에녹의 방식(경건한 셋과 맥을 같이한다)이다. 라멕은 이렇게 선언했다. "나는 내 성을 지을 테다! 나는 당장의 쾌락을 원해!" 반면, 에녹은 이렇게 선언했다. "나는 하나님의 도성을 지을 것이다! 그리고 하나님이 언젠가 내가 누릴 도성을 지어 주실 것을 신뢰한다!"

하나님은 자기 자녀를 성심껏 돌보시기에, 우리의 고통을 완화해 주고 문제를 해결해 주시는 경우가 많다. 하지만 그분의 사랑은 우리에게 가장 좋은 것을 아시고 그에 맞게 행하시는 현명한 사랑이기에, 우리 자신보다 훨씬 흥미진진한 목적을 위해 살게 하신다. 우리를 끌어올려 영원한 왕국을 바라보는 초월적인 삶을 살게 하신다.

우리 삶을 탐구한다는 미명하에 자신에게만 너무 몰두해서, 그보다 훨씬 근사한 것을 놓치면 안 된다. 라멕의 방식을 거부하고 에녹처럼 하나님께 나아가고자 한다면, 자아에 대한 환상을 버리고 더 가치 있는 하나님의 성품과 목적에 관심을 쏟아야 한다. 핵심은 내가 아니라 하나님이다. 내가 하나님을 위해 존재하지, 하나님이 나를 위해 존재하시는 것이 아니다.

우리가 던져야 할 질문은 이것이다. "나는 근근이 살아가는가, 아니면 하나님과 동행하는가? 내 한 몸 먹고살고, 원하는 것을 얻으려고 발버둥 치고, 내 성 쌓기만 급급하지 않은가? 나는 하나님을 알고, 나 자신보다 훨씬 원대한 계획에 참여해 하나님과 협력하며, 하나님 아버지가 아끼시는 아들을 닮아 가고, 그리스도가 지금 짓고 계신 도성을 기다리는 일에 투신하고 있는가?"

우리는 인생길이 험할지라도 하나님은 선하시다는 사실을 믿어야 한다. 비록 영혼은 늘 아프지만 그래도 하나님은 그분을 진심으로 찾는 자에게 상 주시는 분임을 믿고 나아가야 한다.

그렇다면 히브리서 11장의 교훈을 좀 더 실제적으로 설명할 수는 없을까? 에녹처럼 하나님께 나아간다면 우리 삶은 과연 어떤 모습일까?

3장
본능적 갈망

우리 마음 가장 깊은 곳에서 솟구치는 강하고 신비로운 힘, 그 힘이 무엇인지 누구나 다 안다. 바로 갈망이다.

어떤 사람은 저녁식사 자리에서 가장 강한 갈망을 느낀다. 이성을 잃을 정도로 폭식하고 싶은(혹은 소식하고 싶은) 충동에 휩싸인다. 어떤 사람은 백화점만 가면 구매욕이 끓어오르기도 한다. 가게마다 환상적인 물건들이 손짓하니 말이다.

그런가 하면 어떤 사람은 혼자 호텔방에 있을 때 강한 갈망을 느끼기도 한다. 단추 하나만 누르면 자석처럼 끌어당기는 음란물들이 스크린 가득 펼쳐진다. 꽤 여러 목사들의 고백에 따르면, 주일 아침에 설교를 하려고 의자에 앉아 기다리는 동안, 성적인 상상과 느낌이 노골적으로 끓어오른 적이 있다고 한다.

또 어떤 기독교 지도자들에게는 성공 욕구가 가장 강력한 갈망이다. 어느 목사의 성공 소식에 시기심이 발동해서 자기도 "사역을 크게 키우려는" 욕심에 결국은 사역을 완전히 망치기도 한다.

많은 사람들은 '갈망' 하면 자기혐오와 싸우는 정서적 갈등을 생각한다. 그들이 가장 크게 느끼는 감정은 죄책감과 두려움이다. 어떤 사람은 분노일 수도 있다. 남편들은 신용카드 명세서를 보다가 "현금 서비스"를 받은 내역이 눈에 띄면 불같이 화를 낸다. 아내들은 남편이 저녁식사 자리에 동석한 사람과 직장 이야기만 할 뿐, 집안 문제에 대해서는 대화의 싹부터 잘라 버리는 태도에 속이 부글부글 끓는다.

그런가 하면 어떤 사람들은 전혀 갈망이 없다고 한다. 개중에는 무슨 일이 일어나건 꾹 참고 견뎌야 한다는 철학을 가진 유능한 기독교 지도자들도 있고, 주당 60시간 이상 정신없이 일하는 직장인들도 있을 것이다. 또는 성적으로 방만하지 않고 건전하게 사는 법을 고민하는 독신들도 있을 것이다.

뜨거운 갈망을 느끼지 못하는 이유는 그것이 깊이 감추어져 있기 때문이다. 절대 뚫고 들어갈 수 없는 마음 깊은 저변에 봉해서 아무도 건드리지 못하게 한 것이다. 그런 사람 중에는 상냥한 말투와 풍부한 유머에 재담가인 경우도 있고, 또는 강한 감정을 자극하는 일에는 무심한 채 평범하고 개성 없는 사람도 있을 것이다.

하지만 현실에서 그들은 평범하지도 않고 무개성도 아니다. 그런 사람은 아무도 없다. 사람은 누구나 무언가를 열정적으로 추구하는 존재다. 그날이 그날인 듯 별 생각 없이 살 수도 있지만, 그래도 갈망은 엄연히 존재하며 삶에 영향을 미친다. 그 갈망은 아담과 하와가 낙원에서 추방된 이후로 계속 존재했다. 우리는 모두 이를 악물고 가시덤불과 엉겅퀴가 조금이라도 더 적은 땅을 찾아 헤맨다.

이 세상의 시민권자

혁신적인 사고의 대전환 없이는, 하늘나라 저택을 소유하려고 이 땅의 권리를 포기할 사람은 아무도 없다. 인간의 가장 본능적인 갈망은, 에덴동산 밖의 삶을 동산 안의 삶과 최대한 비슷하게 꾸리는 것이다. 하나님을 발견하고 미래의 소망을 위해 살기보다는 당장 현재가 제대로 돌아가는 데 집중한다. 현세의 삶을 개선하기 위해 하나님이 필요할 때만 본능적으로 하나님께 나아간다.

모든 문제성 있는 갈망은 바로 이 가장 중요한 갈망, 즉 현재의 삶을 개선하려는 마음에서 비롯된다. 왜곡된 식욕이나 성욕, 너무나 부적절한 시간에 발생해 우리를 당혹시키는 괴이한 충동들, 자신을 더 사랑하려고 애쓰는 소모적 욕망, 광적인 성공 욕구, 영적 승리가 결국 안락한 삶을 가져다주어야 한다는 고집스런 생각, 나에게 상처 준 사람을 향한 복수심 등. 우리는 삶의 고통을 줄이기로 단단히 결심한 자들이며, 그 목적을 달성하기 위해서라면 무슨 짓이든 할 사람들이다. 어쩌다 가끔 유쾌할 뿐, 미치도록 불확실하고 실망스러운 이 세상에서 말이다.

이 세상에서 행복해지려는 그 깊고 뜨거운 갈망은 마치 숨 쉬는 일처럼 자연스러운 것이다. 그 자체로는 잘못이 아니다. **그보다 더 깊은 갈망을 느끼기만 한다면 말이다!** 하나님은 모든 갈망을 능가하는 갈망으로, 그분을 사랑하라고 말씀하셨다. 목마른 사슴이 물을 찾아 헤매이듯이 우리가 하

하나님을 찾기 전까지는, 집 장만이나 부모의 허락이나 자랑스러운 자식을 바라는 갈망보다 하나님을 바라는 갈망이 더 커지기 전까지는, 이 세상이 우리에게 잘 어울린다. 우리는 세상의 가치관에 잘 적응해 있다. 우리의 시민권은 이 세상에 있다.

이 세상 시민권자들에게는 두 가지 목표가 있다. 첫째, 더 행복하게 사는 법을 터득하는 것. 둘째, 주변 사람들과 상황이 자신에게 유리하도록 영향력을 발휘하는 것. 사람들이 베푸는 모든 박애주의와 선행과 희생의 배후에는 그 도덕적 가치를 파괴하는 자기본위의 동기가 숨어 있다.

하지만 그리스도인들은 다른 세상의 시민권자들이다. 이 세상에서 우리는 나그네요 이방인이요 순례자다. 우리가 눈에 띄게 다른 점은, 바로 하나님을 향한 갈망이다. 우리는 하나님을 섬기기 위해 어려움을 견딘다. 그분을 사랑하고 또 우리에게 복 주신다는 약속을 확신하기 때문이다. 최소한 그렇게 작정한다. 하지만 우리의 본능적 갈망이 자꾸 그 길을 방해한다. 하늘의 시민권자라고 주장하면서도 이 세상 사람처럼 산다.

그리스도인들이 자기위주의 격렬한 갈망을 통제하지 못하는 한, 하나님을 사랑한다고 말할 자격이 없다. 하나님을 만나기 전에는, 전심으로 하나님만 따르고 싶어 몸부림치기 전에는, 하나님을 더 알고 싶은 마음이 우리의 가장 깊은 갈망이 되기 전에는, 자기 자신 외에 그 누구를 사랑하지도, 사랑할 수도 없다.

이것이 문제다. 철저히 현세의 삶에 빠진 문화 속에서, 자기개발과 행복한 삶을 건설하는 데만 몰두하는 교회 속에서, 즉각적인 만족 이외의 다른 것을 추구하는 갈망을 키우기란 매우 어렵다. 천국의 대사 역할을 감당했던 역사상의 교회들은, 사람이 사는 첫째 목적은 하나님을 영화롭게 하고 그분을 기뻐하는 것이라고 가르쳤다. 반면에, 현대 교회는 하나님의 첫째 목적이 사람들을 만족시키는 것이라고 가르치는 경우가 흔하다.

우리는 자아실현이 지고의 가치가 아니고, 하나님의 영광이 개인의 안녕보다 더 중요하며, 먼저 하나님을 찾을 때만 우리 자신도 발견된다는 초기 사상으로 돌아가야 한다.

그것이 정말 가능할까? 그리스도를 아는 특권을 위해 당장의 편안함을 희생할 수 있는 사람이 과연 있을까? 히브리서 11장은 세상이 감당할 수 없는 초월적 갈망을 또렷이 드러낸 사람들의 이야기로 가득하다. 어떤 이는 비범하고 어떤 이는 평범했지만, 사실은 모두가 연약한 죄인이었다. 아브라함은 익숙하고 편한 생활을 버리고 초자연적인 목소리가 인도하는 길을 따라 나섰다. 모세는 호화로운 궁정생활을 내던지고 백만이 넘는 변덕스런 백성들과 광야를 방랑했다. 어떤 사람은 하나님께 대한 충성을 저버리느니 차라리 톱으로 잘리는 고통을 당했다.

왜 그랬을까? 그들은 어떤 갈망이 있었기에 당장의 편안함을 포기할 수 있었을까? 아무도 본능적으로 바라는 것을 얻은 사람은 없었다. 모두 자신이 발견한 하나님에 대한 확신만 붙들고 죽었다. 그들도 우리와 마찬가지로, 고통보다는 편안함을 더 좋아하는 평범한 사람들이었다. **그 편안함이 하나님을 발견하는 데 방해만 되지 않는다면 말이다.**

그렇다면 질문은 이것이다. 수세기의 간격은 있지만 그 시대와 마찬가지로 기쁨과 실망이 교차하는 세상을 사는 우리는, 그들과 마찬가지로 제 몸 챙기는 일에 저절로 마음이 동하는 우리는, 어떻게 하나님을 향한 갈망을 경험할 수 있느냐는 것이다. 일신을 챙기려는 본능적 충동보다 더 강한, 그리스도를 알고 싶은 갈망을 키우려면 어떻게 해야 하는가? 나의 가치를 증명하거나 사람들의 인정을 얻기 위해서가 아니라, 정말로 그들을 축복하고 보살필 수 있도록 우리를 자유롭게 하는 하나님과의 만남에 도달하기 위해서, 하나님을 발견하고 싶은 갈망을 키우려면 어떻게 해야 하는가?

내가 지금 다루고 싶은 질문이 바로 이것이다. 이 질문을 다루기 위해, 우선 본능적 갈망이 어떻게 형성되는지 설명하고, 제4장에서는 이와 대조되는 초자연적 갈망이 어떻게 생성되는지 설명하겠다.

본능적 갈망의 형성 과정

모든 아이들은 삶에서 두 개의 힘과 겨루기를 한다. 자기 내부의 힘과 주변 세상의 힘이다. 탄생과 함께 인격이 형성되면서 **자아** 속에서 욕구가 끓어오르고, 관심을 요구한다. 아기들은 무엇보다도 이 내적인 갈망을 가장 첨예하게 느낀다. 본능적으로 아이들은 기쁨은 극대화하고 고통은 최소화하려 한다. 자기 필요를 충족하기를 바란다.

하지만 바깥세상이 늘 협조적이지는 않다. 배고플 때마다 우유를 바로 먹을 수 있는 것은 아니다. 아기의 자아 속에서 끓는 욕구에 엄마들은 때로 잔인할 만큼 무심해 보인다. 성장하면서는 다른 강력한 요인들이 아이의 욕구 충족을 방해한다. 자기보다 예쁜 동생, 자기보다 운동 잘하는 형, 알코올 중독자인 아버지, 휘두르는 엄마, 자기보다 옷 잘 입고 오는 학교 친구, 성추행하는 삼촌, 괴팍한 선생님, 천박한 운동 코치, 까다로운 피아

노 선생님 등. 그들을 막아서는 외부의 힘은 사방에 즐비하다! 아이들은 자기 세계 속에 도사린 예측 불가능한 힘으로부터 자신을 지켜야 한다는 사실을 제법 빨리 배운다.

자신의 안녕만 생각하는 충동과 갈망과 꿈으로 가득한 자아는 그와 대치되는 기대, 규칙, 압력으로 가득한 세상과 타협해야 한다. 아이들이 자아의 갈망과 세상의 요구 간의 긴장 관계를 어떻게 해소하느냐는 그들의 첫 번째 세계라 할 수 있는 부모가 어떤 역할을 하느냐에 일부 달려 있다. 일반적으로 부모는 자녀에게 두 가지 메시지 중 하나를 전한다. "우리는 네가 행복하길 바란다." 아니면 "우리는 네가 착하길 바란다." 물론 대부분의 부모는 자녀가 행복하면서 착하기를 바라지만, 둘 중에 좀 더 강조하는 메시지가 있다.

부모가 자녀의 행복을 우선할 경우(그리고 행복에 대한 보장책으로 긍정과 특혜를 가장 중요시할 때), 아이들은 자신을 가장 중시하는 경향이 강해진다. 세상은 그들을 위해 존재한다. 그들은 욕구 충족에 점점 더 민감해지고, 그것이 최종 가치가 된다. 어떻게 하면 세상을 최대한 이용해서 기쁨을 성취할지, 필생의 사명에 착수한다.

부모가 "우리는 네가 착하길 바란다"라고 말하는 경우* 자아와 세상의 긴장 관계는 즉각 고조된다. 어떤 아이들은 자아를 포기하고 욕구를 죽임

---

* "우리는 네가 착하길 바란다"라고 말하는 부모들은 양심적이고 헌신적인 경우가 많다. 자녀를 책임감 있게 키우고 싶어한다. 하지만 때로 착하다는 개념에는 "아무에게도, 특히 부모에게는 폐를 끼쳐서는 안 된다"라는 의미가 들어 있다. 방관, 버림, 혹독한 체벌은 부모의 편안함을 방해하지 말라는 강압적인 가르침이 된다. 이런 가정에서 "착하다"는 것은 "말썽꾸러기"가 되지 않는다는 의미이며, 결국은 "절대로 우리가 싫어하는 모습을 보이지 말라"는 의미다.

본능적 갈망 53

으로써 그 긴장을 해소한다. "나의 존재감이나 감정은 중요하지 않아. 내 욕구에 너무 관심을 쏟으면 문제가 생기고 기분이 나빠지니까, 욕구는 무시해야겠어. 나보다 훨씬 강한 세상이 나에게 요구하는 거라면 무엇이든 하겠어." (이런 태도는 자기비하를 부추길 뿐, 전혀 경건한 겸손이 아니다.)

"우리는 네가 착하길 바란다"라는 분위기에서 자란 또 다른 부류의 사람들이 있다. 그들은 자기보호를 위해 규칙과 경계의 세계를 무시함으로써 내면의 욕구와 외부의 요구 사이의 긴장 관계를 처리한다. 그들은 이런 태도를 취한다. "나는 나를 잘 돌봐야 해. 내가 나를 좋아하지 않으면 누가 나를 좋아하겠어. 세상은 나에게 별 관심이 없으니 내가 나를 챙겨야지."

탐닉가와 순응자

세상과 관계를 맺는 이런 다양한 유형은 우리 안에 두 가지 갈망 중 하나를 형성하는데, 바로 **탐닉** 또는 **순응**이다. 자기유익만 챙기면서 뻔뻔스럽게 합리화하거나, 주변의 비난, 학대, 또는 버림을 받지 않고 자신을 보호하기 위해 주변 사람을 기분 좋게 해주려고 애쓴다. 이런 갈망이 우리의 신학까지 형성한다.

탐닉가들은 하나님이 언제나 자기의 필요를 채워 주는 분이라는 점만 강조한다. 자아 형성에 꼭 필요한 완벽한 세계인 것이다. 이들은 하나님이 자기한테 해준 것만큼만 하나님을 예배한다. 하나님의 은혜는 "기독교화된" 자아 몰입을 정당화하는 보증 수표다. "하나님이 그 아들을 보내사 죽게 할 정도로 나를 사랑하신다면, 나는 이루 말할 수 없이 가치 있는 존재임에 틀림없어. 그러니까 하나님이 나를 소중히 여기시는 만큼 나도 나 자신을 소중히 여기는 데 모든 에너지를 쏟아 붓는 게 마땅해. 낮은 자존감이야말로 가장 흉악한 죄야."

순응자들은 기독교를 좀 더 구조적이고 거리를 둔 시각으로 바라보며, 세부 교리와 규칙 준수를 가장 중요시한다. 이들은 방종이라는 도덕적 질병을 율법주의라는 치명적 바이러스로 치료하려고 힘쓴다. 철저한 율법주의에 의거하여 규칙 준수 자체가 목적이 되며, 그것이 하나님을 발견하고 하나님과 관계를 맺는 것보다 더 큰 만족이 된다. 진리에 헌신한다는 교만 때문에 순종을 강조하지만, 그 순종은 결코 좋은 관계를 세우지 못한다.

벅찬 세상에서 자기를 보호하며 사는 방법으로 순응을 선택했다고 치자. 그가 무난한 인생을 사는 최선의 길은 세상과 협력한다는 미명하에 자아의 뜨거운 갈망은 무시한 채, 협력을 종교적 미덕으로 포장하는 것이다. 순응자들이 하는 말은 대체로 이렇다. "내가 누구인지는 별로 중요하지 않습니다. 어린 시절의 상처를 치유하는 것보다는 규칙을 따르는 게 훨씬 더 중요하죠. 순종하다 보면 필요한 부분은 다 치유될 겁니다. 진리는 무조건 믿고 따라야 합니다. 내 감정은 중요하지 않아요. 옳은 일을 하는 게 중요하죠. 그러면 만사가 잘 될 겁니다."

순응자들은 자칭 하나님 중심이라고 소리 높여 주장하겠지만, 그들도 탐닉가들과 마찬가지로 매사에 자아중심적일 뿐이다. 그들은 최상의 삶이란 자아의 갈망을 무시하고 세상과 협력하는 것이라고 단정한다. 하지만 사실은 비정한 세상에서 망할까봐 자기보호의 방편으로 이 길을 선택한 것뿐이다. 그들의 선택이나 자기개발을 위해 살겠다는 선택이나, 자아지향적이긴 마찬가지다.

탐닉가도 순응자도, 자기보다 더 큰 존재를 알려는 갈망이 없다. 그들 삶의 목적은 오로지 자기보존이다. 내가 말한 내용을 아래의 도표로 제시해 보겠다.

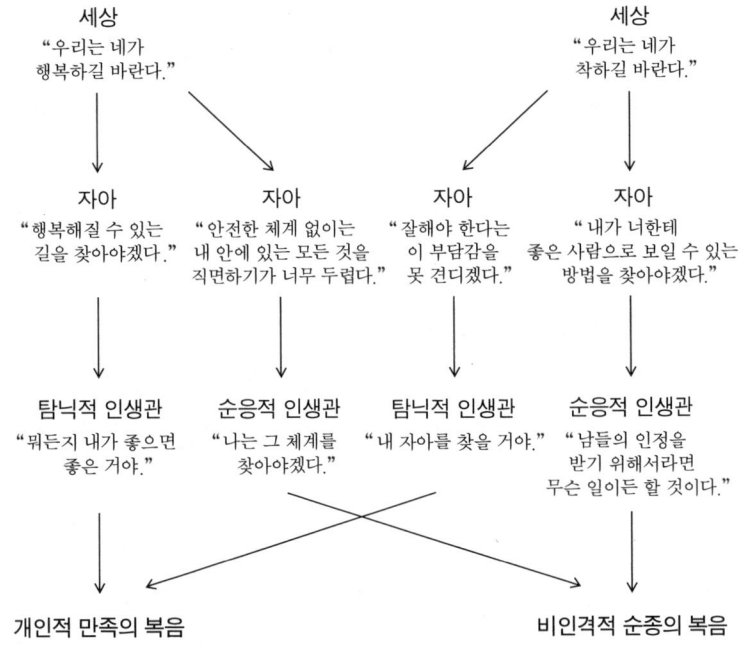

어떻게 하면 탐닉 또는 순응 중심의 자아지향적 인생관을 깨뜨리고, 하나님을 발견하고 알고 누리고 싶은 초월적 갈망을 끌어낼 수 있을까?

바울은 "모든 것을 해로 여김은 내 주 그리스도 예수를 아는 지식이 가장 고상하기 때문이라"라고 말했다(빌 3:8). 어떻게 하면 우리도 그리스도를 향한 그런 갈망이 용솟음칠 수 있을까? 다른 모든 갈망을 소멸할 만큼 강렬한 갈망을 끌어낼 수 있을까? 자아 발견이나 세상과 잘 지내려는 갈망 말고, 하나님을 향한 초월적 갈망—하나님이 좀 더 충만하게 드러나시기를 간절히 사모하는 갈망—을 키우려면 어떻게 해야 하는가?

4장
초월적 갈망

 하나님을 향한 참된 갈망은 의지적인 노력으로 생기지 않는다. 그 갈망은 무슨 공식으로 되지도 않는다. 금식하고, 정기적으로 말씀을 묵상하고, 유혹을 단호히 뿌리치고, 헌금도 제법 하고, 풍성한 예배를 드리는 것도 다 좋은 일이지만, 그리스도를 향한 갈망으로 충만하기에는 역부족이다.

 주님을 향한 참된 갈망을 불러일으키는 것은 성령의 역사다. 성령만이 우리를 사로잡아 그리스도께로 이끄신다. 성령은 성경을 꿰뚫어 그리스도라는 뜨거운 현실의 베일을 벗기신다. 우리가 자기 일에만 코가 빠져 있을 때, 생수를 마시러 그리스도께 나아오라는 초청장을 거절할 때, 성령은 부드럽지만 단호하게 우리를 꾸짖으신다. 성령은 맛은 있지만 영양가 없는 인스턴트 음식을 거부할 능력을 부어 주신다. 우리 영혼에게 가장 기름진 잔칫상을 받아먹으라고 설득하신다.

 하나님이 아무리 우리를 그분과의 사랑의 관계로 이끌려 해도, 우리 쪽의 협력 없이는 불가능하다. 그래서 많은 사람들이 성령의 역사를 잘 모른다. 우리는 성령의 씨앗을 심기 위해 마음밭을 갈아엎어야 하는데, 이것은 만만찮은 작업이다.

성령은 우리가 그리스도를 체험하도록 도우시는데, 그 체험이 얼마나 풍성한지에 따라 우리가 자신과 인생에 관한 끔찍한 진실들—우리를 파멸시키든가 주님을 믿게 하든가, 둘 중 하나인 그 진실들—을 직면하는 정도도 달라진다. 성령은 모든 그리스도인에게 하나님을 계시하시되, 그 사람이 한 단계씩 더 솔직해지도록 계시하신다.

성령이 보여주시는 어려운 현실을 우리가 기꺼이 직면하면, 성령은 더욱 충만하게 하나님을 드러내시면서 이 과정을 계속 진행하신다. 그러나 우리가 그 현실을 외면하고, 하나님이 어떤 고통에서든 우리를 온전히 보호해 주신다는 믿음을 저버릴 때는, 성령이 소멸된다. 성령은 우리에게 더 이상 하나님을 계시하시지 않는다.

따라서 하나님을 발견하려 할 때 우리가 해야 할 일은, 자신과 인생에 관한 불편한 현실들—하나님이 주시는 소망이 없으면 모든 기쁨을 앗아갈 현실들—을 솔직하게 들여다보는 것이다.

우리가 스스로를 인식하는 동안, 성령은 하나님에 대한 우리의 흐릿한 초점을 또렷하게 맞추어 주신다. 자기 자신에 대한 철저한 **자각**은 우리를 **무력하게 만들어** 영적 **경계심**을 품게 하고, 그때에야 하나님의 음성을 간절히 사모하게 된다.

논의를 더 진행하기 전에, 위의 문장에 나온 핵심 단어들을 간략히 설명하겠다.

자각(awareness): 아닌 체하는 태도를 버리고, 자기 자신과의 관계에서 실제로 일어나는 일들을 점진적으로 깨달아 가는 것.

무력화(immobility): 내적인 고요함. 인간이 아무리 노력해도 에덴의 환희를 회복할 길이 없다는 깨달음에서 오는 의욕 상실.

경계심(alertness): 하나님이 우리에게 자신을 나타내시리라는 벅찬 기대감.

자 각

성숙한 그리스도인은 자각한다. 그들은 인생을 있는 그대로 보며, 안 그런 척 꾸미지 않는다. 자기가치에 집착하기보다 그리스도를 아는 일에 더 끌린다. "자기표현"의 기회를 찾느라 급급하지 않고, 그리스도의 아름다우심에 온전히 사로잡힌다. 인생의 어두운 시기에 그 고통을 직면해 견디니 차라리 무감각해지고 싶을 때에도 오로지 그리스도가 주시는 소망에만 매달린다.

인생이 힘겹고 버겁다는 사실은 누구나 두려워하면서도, 그 점을 인정하지 않으려 한다. 인정하면 끔찍할 만큼 철저히 하나님을 의존해야 하기 때문이다. 하지만 인생이라는 옷감은 손쓸 수 없을 만큼 갈기갈기 찢어졌다. 법률, 심리 치료, 단체 행동, 교회 프로그램, 개인 성장 세미나, 그 무엇으로도 다시 꿰맬 수 없다. 그 옷감을 완벽하게 수선할 수 없다는 사실을 깨달으면, 처음에는 낙심하고 좌절한다. 그런 감정이 오래가기도 한다. 하지만 성령은 우리가 실과 바늘을 들고 다시 세상 속으로 들어가서 할 수 있는 한 세상을 고치게 하신다. 최고의 재단사이신 주님이 다시 오셔서 새 하늘과 새 땅을 지으실 때까지 말이다.

찢어진 부분을 완전히 복구하지는 못할 것이다. 그 일은 하나님만이 하실 수 있다. 하지만 우리에게는 인생을 깁는 것보다 더 큰 목적이 있다. 바로 하나님을 알고 그분을 영원히 누리는 것이다.

어떻게 하면 부인하고 싶은 그 진실들을 자각하고, 하나님을 더 친밀하게 경험할 수 있을까? 삶의 진실을 더욱 자각하면, 당장의 문제 해결보다 하나님을 아는 일에 헌신할 것이다.

내가 하나님을 추구하면서 온전히 알게 된 다섯 가지 진리를 소개하고자 한다. 이 진리들은 그저 책을 읽는다고 깨달아지지 않는다. 경험으로만 알 수 있다. 당신이 인생을 솔직하게 직면할수록, 어쩌면 하나님은 이 진리들을 사용하셔서 당신을 더 가까이 이끄실지도 모른다.

첫째, 인간의 마음 가장 깊은 곳에는 채울 수 없는 갈망이 있다.
C. S. 루이스(Lewis)는 이렇게 말한 적이 있다. "세상이 채워 줄 수 없는 갈망이 내 속에 있다는 것은, 내가 다른 세계를 위해 지어진 존재임을 의미한다. 이것이 가장 설득력 있는 설명이다."

물론 나는 여전히 이 세상과 세상이 주는 정당한 즐거움에 집착한다. 옛날에 가족들과 테니스를 치던 추억이 떠오른다. 형이 아버지한테 서브를 넣고, 나는 공을 살려 보려고 네트 앞까지 달려가 라켓을 휘둘렀다. 경기를 끝내고는 우르르 집으로 가서 어머니의 특별 메뉴인 아이스티를 마셨다. 네 식구가 보내던 단란한 한때.

결혼한 다음에도 식구는 여전히 넷이었다. 우리 부부와 두 아들. 우리는 그랜드 캐년으로, 장인 장모님을 모시고 플로리다로, 선교 여행 차 콜

롬비아와 남아프리카로, 그렇게 여행을 다녔다. 다같이 둘러앉아 피자를 시켜 먹거나 아내의 특기인 치킨 크로와상을 먹기도 했고, 대형 스크린으로 윔블던 경기를 보기도 했다. 때로는 한자리에 앉아 서로의 문제점도 이야기했다.

이제 두 아들은 성인이 되어 각자 제 길을 가고, 아내와 나는 오붓한 둘만의 생활을 누리고 있다. 그 어느 때보다 더 든든한 일체감을 느끼면서. 하지만 가끔은 지난 일이 생각나 가슴이 아프다. 장인 장모님은 팔순이시다. 아내와 나는 둘 다 비행기 사고로 형제를 잃는 아픔을 맛보았다. 처남이 죽은 지 25년이 넘었지만, 동생을 잃은 아내의 슬픔은 아직도 가시지 않았다.

생활은 많이 달라졌고, 나는 현재의 축복을 감사히 누린다. 그래도 흐르는 세월은 아쉽기만 하고, 가족들이 겪은 변화와 형제를 잃은 아픔은 여전하다. 나는 이 세상이 줄 수 없는, 무한히 풍성하고 정당한 기쁨을 바란다.

우리는 이생에서 주어진 모든 좋은 것을 감사히 받아 누려야 한다. 그것들은 "우리에게 모든 것을 후히 주사 누리게 하시는" 하나님이 주셨기 때문이다(딤전 6:17). 하지만 이 좋은 것들은 전채 요리에 지나지 않는다. 주 요리는 아직 나오지 않았다. 그리고 현재 그 요리를 가장 근사치로 맛볼 수 있는 방법은 그리스도와의 친밀감을 누리는 것이다. 그보다 더 우리 영혼을 즐겁게 해줄 "기름진 것"은 없을 것이다(사 55:2).

하지만 우리는 전채 요리로 식사를 대신하려고 열심히 먹는다. 그러고는 배가 안 부르다고 불평한다. 좋은 사람과 결혼하면 만족스럽겠지, 내 일을 좋아하고 탁월하게 잘하면 만족스럽겠지, 또는 부자가 되면 만족스럽겠지 생각한다. 하지만 이것들은 다 전채 요리일 뿐이다. 왜 우리의 미각은 최고로 맛있는 음식이 아니라 그냥 먹을 만한 음식에 더 끌리는 것일까? 왜 우리는 그리스도에 대한 미각을 애써 **습득해야** 하는 것일까?

우리는 인생의 전채 요리보다 더 훌륭한 뭔가에 굶주려 있음을 감지하지만, 애써 그 사실을 외면한다. 그리고 그 가장 절실한 허기를 각종 활동과 지루한 일상과 쾌락으로 채우려 하거나, 아니면 인생의 어두운 면에만 집착함으로써 인생이 우리 손안에 있는 줄로 착각한다. 인생이 얼마나 복잡다단하고 고생스러운지를 자꾸 곱씹다 보면, 고통에 대한 깨달음이 더해져서 왠지 고통을 근사하게 극복할 수 있을 것 같은 헛된 희망이 생긴다. 하지만 허기는 여전하다. 하나님을 자각하려면, 이 허기를 직시하고 그 근원과 허기를 채울 방법을 깨달아야 한다. 하나님을 향한 허기는 바로 하나님이 주신 것이며, 이 땅에서는 완전히 채울 수 없음을 인정해야 한다. 인생의 가장 큰 기쁨도 우리를 만족시키지 못한다. 그 기쁨은 다만 그 이상의 무엇인가가 있음을 가리킬 뿐이다. 천국에서 그리스도와 연합하기 전까지는, 모든 인간의 마음속에는 **조금만** 더 바라는 마음이 사그라지지 않는다.

둘째, 믿음의 선진들의 삶은 하나님을 아는 것이 가장 가치 있음을 증거한다. 두 번째로 중요한 진리는, 선택된 몇몇 성도들의 삶을 보면, 하나님을 더 알 수 있는 가능성이 보인다는 점이다. 그들은 군계일학처럼 눈에 띈다. 남보다 활동이 더 많지도 않고, 사역에 필요한 재능과 능력이 더 뛰어나지도 않다. 다만 우리보다 조금 나은 사람들이었을 뿐이다.

우리가 그들에게 끌리는 이유는 그들이 도덕적으로 더 탁월하거나 사랑의 용량이 더 커서만이 아니라, 우리와는 다른 방식으로 하나님을 알고 있다는 인상을 강하게 받기 때문이다.

성경은 평범한 사람들—연약하고 실수하고 죄를 지은 사람들—의 이야기를 기록한다. 그들은 하나님께로 가는 길을 발견하고 꿋꿋이 그 길을 걸었다. 호세아는 부정한 아내 때문에 가슴이 미어지면서도 하나님의 긍휼을 선포했다. 하박국은 조국의 임박한 멸망 때문에 공포에 떨면서도 산들을 넘어 다녔다. 예레미야의 가슴 속에 타오르던 하나님의 불은 동포들의 미움으로도 끌 수 없었다. 베드로는 주님의 죽으심을 기억하면서 자기는 주님처럼 십자가에 똑바로 매달릴 가치도 없다고 여겨, 자기를 십자가에 거꾸로 매달아 달라고 했다.

굳이 성경 시대까지 거슬러 올라가지 않아도 우리의 시선을 끄는 사람들을 만난 적이 있을 것이다. 그런 사람을 보면 우리 자신은 너무나 초라하고 부족하다는 느낌이 든다. 그들은 마치 친한 친구 이야기라도 하듯 따스하고 친밀하게 예수님 이야기를 한다. 슬프지만 불평 한마디 없이 외로움과 쓰라림을 견딘다. 고통이란 그리스도와 더욱 풍성한 친밀감으로 들어가는, 힘들지만 소중한 특권이라고 여기면서 말이다. 물론 겉으로만 그럴싸하게 말하는 사람들도 있다. 그런 사람을 보면 하나님을 향한 갈망보다는 부담감과 죄책감만 생긴다. 하지만 진정으로 하나님을 아는 소수의 사람들을 보면, 우리도 그들과 같은 깨달음을 얻을 수만 있다면 어떤 희생이라도 각오하겠다는 생각이 든다.

이런 사람들은 대체로 연륜이 있고 자기 자신에 대해 입이 무겁다. 그래서 그냥 지나치기 쉬운 사람들이다. 우리는 그들이 너무 늙고 범접하기 어렵다고 제쳐두는 경향이 있다. 그들은 현대인의 심리적 갈등도 모르고, 인간 정신을 포용하지 못하는 편협한 신학을 추구하며, 실생활에 적용할 수 없는 편견에 사로잡혀 있다고 생각한다.

하지만 우리는 이들의 말에 귀 기울여야 한다. 그들은 하나님을 향한 갈망 때문에 이 땅의 모든 것에 초연한 사람들이다. 이런 사람을 접하면 거룩한 탐심, 즉 하나님을 더 알아야겠다는 절실한 갈망이 솟구친다.

셋째, 우리는 별수 없이 이기적이다.
세 번째 중요한 진리는, 우리가 별 수 없이 이기적인 존재라는 사실이다. 우리는 나의 안녕을 최우선에 둔다. 설상가상으로 자신이 얼마나 자기중심적인지조차 못 깨닫는다.

우리 문화는 이런 자기중심성을 장려한다. 현대 문화는 미숙하고 수치심에 휩싸인 상처 입은 자아를 치유하는 데 온 힘을 소진한다. 현대의 사고방식은 자아 발견과 수치심의 치유, 자아실현을 부추긴다. 그 결과, 우리는 죄 사함보다 고통의 치유를 더 중요시한다. 하나님의 자비에 탄복하기보다는 적절하다고 생각하고, 그래서 겸손해지기보다는 그 것을 이용할 생각만 한다.

친한 친구가 성격이 몹시 까다로운 여자와 결혼했다. 그녀는 차갑고 비판적이고 성질이 고약했다. 그 친구가 인생에서 만난 첫 여자, 그의 어머니도 비슷했다. 그 어머니는 성질 사나운 알코올 중독자였다. 그는 정서적으로 심한 학대를 받으며 자랐다.

내 친구는 남의 잘못으로 고통을 겪고 있다. 배우자를 잘못 선택한 것이든, 어머니나 아내를 제대로 다루지 못한 것이든, 아무리 그에게 책임이 있다 해도 사실 그는 피해자다. 다른 사람의 죄 때문에 상처받고 있으니 말이다.

이 친구에게는 당연히 격려가 필요하다. 수치스러운 대우를 받았다고 해서 자신의 가치가 그것밖에 되지 않는 것이 아님을 알아야 한다. 또 가해자와의 사이에 경계선을 그을 줄 알아야 한다. 이를테면 어머니가 그를 비난하고 짓밟을 때는 아예 대화를 거부하는 식으로 말이다.

하지만 기쁨으로 가는 길은 상처의 회복이나 경계선 설정에 있지 않다. 자기가 생각하는 행복에만 몰두했던 죄를 인정하고 회개해야 한다. 하나님을 알고 또 남들에게 알리겠다는 결심보다 자신의 안녕이 우선순위라면, 그건 틀렸다. 그의 가장 큰 문제는 고통이 아니라 죄다.

우리는 스스로를 상처받은 자가 아니라 죄인으로 보아야 한다. 우리의 모든 대화 속에 도사리고 있는 추한 자기중심적 에너지를 직시해야 한다. 그렇게 자기중심성을 점점 더 자각할 때 겸손한 마음도 커지고, 좀 더 좋은 기분을 누리려는 마음도 약해진다. 자기중심성을 자각함으로써 우리는 정결한 마음과 베푸는 정신을 갈망하게 된다. 하나님의 용서를 자각함으로써 최악의 상태일 때 우리를 용납하신 분이 있다는 사실에 감사하며 놀라게 된다.

"나 같은 죄인 살리신"이라는 찬송가를 감격에 겨워 부를 수 있을 때, 우리의 초점도 자기 정체성을 찾으려는 발버둥에서 **벗어나** 자기에게 침 뱉는 자들을 진정으로 사랑하신 그분의 성품에 **끌리고** 매료된다. 마땅히 그리스도께 집중하고, 우리의 정체성도 점차 제자리를 찾는다.

넷째, 성령은 우리 삶에 역사하는 인격체시다.
성령은 마치 전기처럼 우리 마음대로 이용할 수 있는 비인격적인 힘도 아니고, 지겨운 일상을 신나는 파티로 바꿔 주는 비눗방울 기계도 아니다. 오히려 성령은 우리 삶에 역사하는 **인격체시다**. 그분은 우리 배우자나 자녀들처럼 매사에 **인격**이시되, 무시무시하고 오싹한 임재로 우리 삶 주변을 맴도시는 초월적인 인격체시다. 그분이 오싹하게 느껴지는 이유는 우리가 너무 무딘지라, 성령이 거하시는 세상보다 우리 눈에 보이는 세상이 더 현실감 있게 느껴지기 때문이다.

우리는 양극단으로 치우치는 존재다. 그래서 초월적인 성령을 피하거나, 아니면 우리가 요구할 때마다 성령이 나타나시기를 기대한다. 어쩌면 가장 균형 잡힌 태도는 성령의 움직이심에 간절히 열린 마음, 바람은 불되 나뭇잎은 흔들지 않는 그 바람 소리에 귀 기울이듯 그분의 임재를 고대하는 마음이리라.

하나님은 늘 무슨 일을 벌이신다. 그 일이 무엇이든 그것에 민감해 있는 것이 우리의 할 일이다. 우리가 확실히 아는 것은 이것이다. 성령의 바람이 불 때는 무시무시한 붕괴와 매혹적인 끌림을 느낀다는 것이다. 낡은 기초는 무너지고 우리는 깊은 나락으로 떨어질 것이다. 성령은 우리가 오싹하고 낯선 느낌과 따스하고 친숙한 느낌을 동시에 갖는 새로운 차원으로 우리를 높여 주기를 기뻐하신다.

눈에 보이지 않는 현실로 들어가는 것은 어렵다. 하지만 성령이 그 문을 여시고 우리가 현실의 다른 면을 일별하게 되면, 우리는 있던 자리에 계속 머무를 수 없다.

성령의 임재를 묵상할수록, 그분은 오로지 그리스도를 알리려는 목적밖에 없으며 우리를 계속 전진하게 하는 초월적 능력을 가진 분임을 묵상할수록, 성령을 무시하거나 완전히 이해하려는 자세가 얼마나 오만한지를 깨달을 것이다. 그리고 그분이 우리 삶에 역사하시기를 간절히 바라게 될 것이다.

다섯째, 고난은 불가피하다.
마지막으로 중요한 진리는, 고난은 불가피하다는 점이다. 교만한 사람은 일이 잘못되면 해명을 요구한다. 우리가 친밀감을 두려워하는 이유가 어린 시절의 학대 때문임을 알게 되면, 왠지 삶을 파악했다는 느낌이 온다. 상황을 개선할 수 있는 방법을 손에 넣었다고 생각한다. 인간의 조건을 머리 싸매고 연구하여, 현재 일어나는 일을 해석할 수 있는 이론들을 쌓아올림으로써 우리는 신비를 파괴한다. 통찰력과 충분한 노력만 있으면 우리 자신을 책임질 수 있고 고난도 끝나리라는 환상을 품는다.

우리가 생각하는 안락과는 전혀 딴판으로 사는 제3세계로 여행을 가 보면, 영생에 대한 시각이 재정립될지도 모른다. 할 수만 있다면 고난을 덜고 인격의 회복과 물질적 안락함을 증진하는 것도 좋겠지만, 그보다 더 중요한 일이 있다.

인생에는 시련을 극복하는 것보다 더 중요한 것이 있다. 우리의 고통도, 생존을 위해 몸부림치는 수백만 명의 노력도, 인생의 핵심을 정리해 주지는 못한다. 미래의 소망이 현재의 안락보다 더 가치 있다는 사실을 인식하기 전에는 하나님을 발견하는 노정에 들어서지 못한다.

무력화

아무리 최선을 다해도 인생은 절대로 흡족할 만큼 좋아지지 않는다. 우리의 기준치는 절대 채워지지 않는다. 아무리 행복한 인생에도 고통이 파편처럼 박혀 있다. 우리가 이 사실을 직시할 때 중대한 일이 일어난다. 인생을 제대로 펼쳐 보겠다는 결심에 금이 간다. 김이 빠지고 방향을 전환하게 된다.

그 불치의 고통을 자각할 때, 우리는 분노와 슬픔 속에서 아픔을 치료해 달라고 하나님께 부르짖을 것이다. 적의 공격에서 우리를 구해 달라고 호소할 것이다. 하지만 하나님은 우리가 바라는 만큼 믿음직하게 응답해 주시지 않고, 결국 우리는 기진맥진해서 문제 해결에 쏟아 부어야 할 에너지를 고갈해 버린다.

지쳐서 옴짝달싹 못하고 상황을 개선하는 일도 귀찮아질 때에야 비로소 서서히 자유로워져 하나님을 추구하게 된다. **하나님이 주시는** 해결책이 아니라, **하나님과의 관계**를 절실히 원하게 된다. 자신과 인생과 하나님에 대한 진실을 자각할 때, 입을 닫고, 인생을 제대로 운용하려는 노력이 얼마나 역겹고 헛된지를 깨닫는다. 왜 그렇게 안달복달했던가? 그럴 가치가 없는데. 무엇을 한들 내 영혼이 가장 갈망하는 것을 얻을 수 있겠는가.

그러면서 꼼짝 않고 잠잠히 하나님 앞에 벌거벗고 서 있는 자신을 발견하게 된다. 인생을 개선할 능력이 없는 우리는 두려움과 불안에 떨며 하나님 앞에 엎드린다. 하나님도 우리의 통제를 받기 거부하셨기 때문이다.

오히려 하나님은 이렇게 명령하신다. "너희는 가만히 있어 내가 하나님 됨을 알지어다"(시 46:10).

눈물조차 마르고 말 한마디 할 수 없는 고통 속에서, 우리는 그리스도를 맛보기를 얼마나 갈구하는지, 하나님이 자신을 드러내 주시기를 얼마나 갈구하는지 깨닫는다. 형용할 수 없이 사모하는 마음으로 그리스도를 알고 싶은 강렬한 열망에 신음한다. 감히 고개도 못 들고 차가운 하늘 아래 부복한다. 하나님의 임재 앞에 파멸하느니 차라리 불행 속에 내버려두시기를 바라다가, 다음 순간 그래도 혹시 하나님이 자비를 베푸시지 않을까 하고 바란다. 그런 순간이 때로 몇 년씩 지속되기도 한다. 여전히 꼼짝하지 못한 채로.

새벽 2시에 잠에서 깬 적이 몇 번 있다. 분노와 두려움이 몰려와서 가만히 누워 있을 수가 없었다. 처음 시작은 별일 아니다. 소득세 자진 신고 기간이 가까웠다든지, 다음주 수요일 강의 준비가 아직 안 되었다든지 하는 사소한 생각으로 시작된다.

그러다가 그 생각이 마치 당구공을 치듯 이 생각 저 생각으로 이어진다. 전화할 일, 풀어야 할 갈등 관계, 답장 쓸 일, 더 이상 피할 수 없는 어려운 결정 등이 꼬리에 꼬리를 물고 떠오른다. 식은땀이 난다. 아무리 책임을 다해도 알 수 없는 두려움이 엄습한다. 인생이 너무 버겁다. 아무리 열심히 해도 항상 모자라는 것 같다.

무엇이든 내게 요구하는 사람에게 분노가 치민다. 왜 아무도 나를 이해하고 쉽게 해주지 않는 거야? 그렇게 해줄 사람이 아무도 없는 것 같아서, 심지어는 하나님도 그렇게 안 해주실 것 같아서 화가 부글부글 끓어오른다. 하나님이 나 대신 소득 신고를 해주실 리 만무하잖은가.

그래서 어떻게든 마음을 잡으려고 애써 본다. 전략을 강구한다. 내일은 작년 한 해 영수증을 다 모아야지. 그리고 강의 초안을 잡는 거야. 아참, 그 전에 만날 약속이 세 건 있군. 왜 후회할 약속을 잡았을까? 아예 취소해 버릴까? 아니야, 그건 너무 무책임하지. 그래도 시간에 쪼들리는데 어떡해. 이해해 줄 거야.

몇 달 전 일이다. 새벽녘에 이런 생각들로 뒤척이다 잠이 깨어 몇 분가량 꼼짝할 수가 없었다. 결국 발에 쥐가 나서 다시 침대로 들어가 한 시간을 뒤척였다. "하나님, 어디 계십니까? 지금 뭘 하십니까? 이렇게 처절한 제 모습이 안 보이십니까? **도대체 당신은 누구십니까?**"

묵묵부답이었다. 지칠 대로 지친 나는 서서히 잠에 빠져들었다. 꼼짝 못하고 가만히 누워, 하나님의 음성을 듣고 싶다는 간절한 마음으로…….

경계심

마음을 가다듬고 벌떡 일어나 계속 살아갈 방법을 강구하지 않은 채 엎드러져 있을 때, 우리는 새로운 음성을 듣게 된다. 지금까지 전혀 들어 본 적 없는 음성이 처음에는 미약하게, 그러다 점점 분명하게 들려온다. 그 음성은 우리를 불러 기도하게 하고, 하나님의 말씀을 먹게 하고, 열광적인 꿈이 실현되는 모습을 상상하게 한다.

그 몇 달 전 아침에, 나는 부흥이라고 할 만한 체험을 했다. 그렇게 잠을 설치다 깨어나니 여전히 꼼짝할 수 없는 상태였다. 힘이 하나도 없었다. 억지로 끌려가는 강아지처럼 겨우 침대에서 기어 나와 욕실로 갔다.

한 가지 사실은 알았다. 하나님을 더 깊이 체험하지 않고서는 무슨 일이든 할 수 있는 힘도, 이유도 없었다. 하나님의 덫에 걸린 느낌이었다.

샤워를 하다가 문득 이런 생각이 떠올랐다. 남들도 나와 비슷한 시련을 겪는다. 어떤 사람들은 더 힘든 경우도 있다. 시련을 이미 신실하게 견뎌 낸 사람도 많고, 앞으로 시련을 겪을 사람도 있을 것이다. 그렇다면 나도 앞서 시련을 겪은 사람들에게서 힘을 얻어 내 뒤에 오는 사람들에게 힘이 되어야 한다는 생각이 들었다.

그 순간, 미소를 지었던 기억이 난다. 정말 그럴 수 있다면 하나님을 찬양할 이유가 되지 않겠는가. 위대한 믿음의 전통을 생각하며, 등에 쏟아지는 온수를 느끼며 나는 찬송을 불렀다. 하나님이 내게 말씀하신 것이다. 나는 두려움으로 꼼짝 못하다가 경계 상태에 들어가면서 하나님의 음성을 들은 것이다.

가끔 그런 일이 생긴다. 전에는 **설명**만 가능했던 진리를 이제는 **감지**하기 시작한다. 하나님은 깨지고 상한 심령을 멸시하지 않으신다는 진리를 말이다. 그 움직임을 눈치도 못 채고 의식적인 노력도 없이, 우리는 천천히 자리에서 일어난다. 처음에는 뭔가에 홀린 것 같다가 나중에는 불가항력적인 힘에 떠밀려, 이상할 만큼 친숙한 삶의 차원을 민감하게 느낀다. 한 번도 만난 적은 없지만 늘 알고 있던 어떤 존재와의 재결합이 임박했음을 감지한다. 참을 수 없는 기대감으로 두근거린다.

잠시 동안 우리는 그리스도를 알고 싶은 열망, 맛난 음식을 먹을 때처럼 그분을 맛보고 싶은 열망, 사랑받는 신부가 신랑과 함께 첫날밤을 즐기고 싶은 열망으로 살아난다.

기도생활에 변화가 일어난다. 이제 우리는 아버지라는 말의 깊은 의미를 이해하면서 그 아버지와 정말로 대화를 한다. 성경 읽는 재미가 새롭다. 어릴 적부터 들었던, 성경은 연애편지라는 말이 마침내 실감난다. 성경에서 구구절절 그리스도를 발견하기에 마음이 뜨겁게 불타오른다. 성령도 인격적이며 엄연히 실존하는 분으로 새롭게 느껴지고, 우리 내면과 삶에 역사하시는 하나님의 자비롭고 전능한 손길을 느낀다.

그러다가 늘 그렇듯이, 열기가 식는다. 주위를 둘러보며 우리가 여전히 에덴동산 밖에 쫓겨난 신세임을 깨닫는다. 자동차 시동은 꺼지고, 견인차를 불렀지만 두 시간이나 꾸물대다가 와서는 바가지요금을 씌운다. 비행기 추락사고로 잃은 가족과 친구의 죽음을 애도한다. 몸은 점점 더 빨리 지치고, 매일 팔다리가 쑤시고 결린다. 자동차 기름은 바닥나고, 고지서는 어김없이 날아온다. 우울증이 재발한다. 해결한 줄 알았던 성적인 문제들도 다시 고개를 든다.

직장 상사는 우리의 실적을 거들떠보지 않고, 아무리 열심히 일해도 돌아오는 것은 없다. 타박이라도 한 번 받으면 자기혐오에 휩싸인다. 친구의 부정한 관계가 현장에서 탄로 나고, 결혼도 안 한 딸이 임신했다고 고백한다. 아들은 마약 소지 혐의로 구속된다.

하나님을 경험한 순간이 있기는 있었나? 혹시 환상은 아니었나? 하나님은 정말 존재하시나? 나는 하나님을 알기 원하는가, 아니면 그저 피해 갈 길, 좀 더 좋은 느낌으로 살 길만을 원하는가? 신실한 자녀, 좋은 친구, 건강, 돈과 같은 축복과 **무관하게**, 그리스도 안에 있는 기쁨이란 과연 존재하는가? 어떻게 **예수로만** 만족하고 살 수 있을까?

그러면서 우리의 관심은 그 채울 수 없는 갈망으로 되돌아온다. 믿음의 사람들, 끔찍한 자아중심성, 성령의 실체, 불가피한 고난, 더 좋은 날을 바라는 소망, 그리고 우리는 또다시 꼼짝없이 무력해진다. 모든 것을 잘 해내야 한다는 압박감은 사라지고, 우리는 다시 엎드려, 영혼과 삶과 영원에 대한 자각으로 정지 상태가 된다. 오직 하나님만 바랄 뿐이다. 짜릿한 기대감이 다시 생기고, 우리 안의 소망이 죽지 않았음을 깨닫는다. 그때 하나님이 말씀하신다. 다시 한번 몸과 마음이 뛰놀고, 기쁨으로 찬송하고 춤추며 외친다.

그렇게 삶은 계속된다. 내일은 또 실망하고, 그 다음날은 또다시 기쁨이 찾아든다. 하지만 이제는 일상을 살아가는 태도가 달라진다. 그리스도께 쉽게 집중한다. 그렇게 우리는 서서히 변한다. 세상에 찬란한 빛이나 매혹적인 향기를 발하게 되었다고 고백하는 사람들도 있다.

그러다가 어느 날, 이 세상에서 저 세상으로 이사를 간다. 그러면 주님이 두 팔로 우리를 껴안으며 맞아 주신다. 우리는 존경과 경탄으로 주님 앞에 엎드리나, 주님은 우리를 일으켜 안아 주신다. 그리고 크게 웃으며 내 뒤를 보라고 말씀하신다. 돌아보니 오래전에 죽은 우리 형이 행복한 표정으로 서 있다. 부모님, 우리 부부가 유산한 아기, 복음서를 쓴 의사 누가, 엘리야 선지자, 에녹도 서 있다. 모두 활짝 웃고 있다. 웃음소리가 그치지 않는다. 그리고 세상에서 가장 온유한 목소리로 "잘 왔다. 드디어 본향에 왔구나!"라는 말이 들린다.

하지만 거기까지는 갈 길이 멀다. 우리의 영적 순례는 이제 시작이다.

초월적 갈망

제2부

하나님 발견의 걸림돌들

5장
뭔가 상당히 잘못되었다

비행기 추락사고로 형을 잃은 뒤, 나는 몇 달 동안 하나님께 수없이 간구했다. 형의 죽음을 계기로 나를 성숙한 사람으로 변화시켜 달라고 말이다. 그 고통을 허비하고 싶지 않았다. 끔찍한 일이라도 합력하여 선을 이룰 수 있다고 믿으면, 그 일을 견디기가 한결 수월했다. 그 사고로 새로운 차원의 고난을 경험한 나는, 고난을 통해 새로운 차원의 성숙으로 나아가기를 바랐다.

어쩌면 그 이상을 바랐는지도 모른다. 나는 변덕스런 세상에서 힘겹게 살고 있다. 만사가 이치에 맞고, 자기가 하는 일을 잘 아는 사람들이 일을 제대로 해주기를 바란다. 혼란은 싫다. 형의 죽음을 통해 내가 그럴듯하게 성숙해진다면, 그 슬픈 사건을 선한 계획의 일부로 받아들이기가 한결 수월할 것 같다. 내가 그렇게 기도한 이유가 무엇이건 간에, 한 가지 사실은 분명했다. 이 쓰라린 아픔을 통해 하나님께로 나아가고 싶었다. 하나님을 발견함으로써, 나도 더 나은 사람이 되고 세상도 더 이해가 되기를 바랐다.

내가 하나님을 추구한 목적을 주목하라. 하나님을 발견함으로써 그분을 있는 그대로 **누리기**보다는, 하나님을 이용해 내가 중요시하는 것(성숙한 나 자신과 이해할 만한 세상)을 얻으려 했다. 하나님의 능력에 굴복하기보다는 그 능력을 써먹으려 했다.

여전히 엉망인 삶

추락사고 후 거의 1년이 지난 오늘 내 삶을 반추해 볼 때, 나를 성숙시켜 달라던 기도는 내가 원하는 대로 응답되지는 않았다는 결론이다. 그 끔찍한 3월 어느 날, 가족을 안전하게 지켜 달라던 내 기도가 응답되지 않았듯이 말이다. 성숙하게 해달라고 뜨겁게 기도했지만, 나는 여전히 엉망이다. 변화가 있다 한들 내 눈에는 거의 안 띈다. 잠시 발견했다 해도 금세 사라진다.

나는 아직도 급히 화를 낸다. 조금만 건드려도 분노의 파도가 휘몰아쳐 내 앞을 막는 모든 것을 쓸어버린다. 때로는 버릇없는 아이처럼 과민하게 군다. 아내가 내 행동을 비판하거나 기분을 못 맞춰 주면, 옹졸하고 미숙하게 발끈한다. 과연 내가 변하기는 했나? 그런 나를 보면 25년 전 갓 결혼한 때와 별 다를 바가 없다.

지금도 불경한 정욕들이 내 속에서 활활 타오른다. 중년에 접어들었건만 욕구들은 그리 정제되지 않는다. 감정도 오락가락한다. 때로는 이유 없이 기쁨이 사라지고 외로움의 나락으로 떨어지기도 한다. 그럴 때는 사람도, 일도 다 시들하다.

나는 오랫동안 내가 쓸모없는 사람이다, 남들이 좋아하지 않는 사람이다라는 생각이 들 때마다 자신을 혐오했다. 자기혐오는 독 묻은 사과와 같다. 멀찍이 떨어져서 나를 보면 꽤 괜찮은 사람 같다. 어느 정도 가까운 상태에서 상대할 때도 그런대로 괜찮은 사람으로 보인다. 하지만 나를 한입 베어 물기만 해봐라. 반드시 해를 입고, 어쩌면 죽을 수도 있을 테니. 이런 독한 감정은 내 사고를 왜곡하고, 생산적인 에너지를 고갈하며, 부루퉁함을 즐기는 불건전한 상태에 가둬 버린다.

때로는 하나님이 나를 통해 무엇을 하시려는지 도무지 알 수가 없다. 그럴 때는 공황 상태에 빠지거나 냉담해진다. 공황 상태일 때는 사역을 너무 많이 맡는다. 차라리 탈진하는 편이 낫다고 생각하는 것이다. 냉담해질 때는 사람들이 나를 혹사시켜 내 능력만 착취할 뿐 나에게는 무관심하다고 느낀다.

나는 정말 나아지고 있는 것일까? 아니면 악화되고 있는 것일까? 하나님을 향한 열정적인 추구가 나를 그리스도와의 즐거운 사귐으로 인도하고 있는가? 아니면 나는 잘못된 길을 가고 있는가? 그도 아니면, 그저 제자리걸음일 뿐인가?

나를 아는 사람들은 내가 스스로에게 너무 가혹하다고 말할 것이다. 나도 흔쾌히 동의한다. 앞에서 내가 한 말은 다 맞지만, 그게 전부는 아니다. 내가 너그러운 사람이고, 가끔 사려 깊기도 하며, 때로는 희생적이고 친절하기도 하다는 사실에 감사한다. 나는 열심히 일하고, 가족을 끔찍이 사랑한다. 신앙생활도 진지하게 한다. 세금도 정직하게 보고하고, 호텔방에서 부도덕한 짓을 하지도 않는다. 다른 사람들의 삶에 영향력도 끼쳤다. 하나님도 이전보다 지금 더 많이 경험하고 있다.

하지만 내 삶을 낱낱이 살펴보면, 아직도 부족한 점이 너무 많다. 나는 내가 아닌 모습을 갈망하고, 느끼기 어려운 감정을 사모하며, 한번도 안 해본 사랑을 갈망한다. 연약함과 공허감, 광란과 외로움, 분노와 집착과 시기심을 너무 자주 느낀다. 이런 감정이 성숙과 공존할 수 있는가, 아니면 성숙하지 않다는 표시인가?

한 가지 분명한 것이 있다. 오직 예수 그리스도만이 구현하신 완벽한 인간의 기준으로 볼 때, 누구나 지나온 길보다 갈 길이 훨씬 더 멀다. 갈등이 전혀 없는 상태, 상대를 완벽하게 사랑할 수 있는 능력은 하늘에서나 가능할 뿐, 이 땅에서의 성숙 정도로는 안 된다. 내가 아무리 주님을 잘 안다 해도, 그분을 직접 만나보기 전에는 내 삶은 여전히 엉망일 것이다. 당신도 마찬가지다. 이생에서 하나님을 발견한다는 것은 폭풍우 한 점 없는 땅에 집을 짓는 것이 아니라, 폭풍우가 쓸어버리지 못하는 집을 짓는다는 의미다.

나는 그런 집을 짓고 있는가? 당신은 어떤가? 우리는 문제를 통해 하나님을 발견하는 길로 가고 있는가? 문제를 파고들어가 그 속에서 문제 아닌 그 무엇, 우리 자신 너머에 있는 한분을 발견해야 한다는 것이 무슨 의미인지 아는가? 파들어 가다 암반을 건드리지는 않았는가?

이웃사람 같은 하나님

"주님, 주님이 저의 전부라는 건 잘 압니다. 하지만 주님만으로 만족할 만큼 충분히 주님을 알지는 못합니다. 주님을 발견하게 도와주세요." 이렇게 기도한 지 2년이 되어 간다. 그동안 명확히 깨달은 것은, 영적 훈련도, 자아 성찰도 내가 원하는 곳으로 나를 끌어 주지는 못한다는 점이었다. 죄를 고백하고, 멀어진 친구와 화해하고, 규칙적으로 성경을 읽는 것은 다 좋고 필요한 일이다. 하지만 삶을 있는 모습 그대로 붙들고 씨름하면 할수록, 영적 훈련이란 고작해야 하나님과 인사나 하며 지내는 이웃 관계밖에 되지 않는다는 것을 깨달았다.

마음의 동기를 철저히 탐색하거나 어린 시절의 상처가 현재의 어려움과 어떻게 연결되는지를 밝히려고 과거를 샅샅이 뒤져도, 소망보다는 좌절감만 생긴다. 이런 자기점검을 통해 나 **자신**은 더 알게 될지 모르나, 정작 내가 원하는 것은 **하나님**을 더 잘 아는 것이다. 수백 명을 치료 상담한 경험에 비추어 볼 때, 아무리 자아에 집중해서 자신을 많이 알아도, 그것이 하나님을 더 풍성하게 아는 것으로 연결되지는 않는다. 하나님을 발견하기 위해—그 이상은 전혀 하지 않은 채—자신을 더 많이 아는 것은 마치 군데군데 점이 있는 흉부 엑스레이만 들여다 볼 뿐, 수술은 하지 않는 것과 같다.

영적 훈련도, 자기이해도 내가 갈망하는 방향으로 나를 이끌어 주지는 못한다. 전자는 우쭐대는 바리새인을, 후자는 자기만족밖에 모르는 자유로운 현대인을 양산하는 경향이 있다. 그렇다면 나는 어떻게 해야 하는가? 반세기에 가까운 세월을 보내면서도 나는 여전히 이런저런 문제들로 힘들어 한다. 나의 내면과 내가 살아가는 세상에서 인생의 중요한 부분은 여전히 신비로 남아 있다. 내가 맡은 일과 관계에서 어두운 물결을 헤치고 나갈 능력이 있는지 자신이 없지만, 그래도 그 물결을 헤치고 나가 그 너머에 있는 밝은 항구에 도착하고 싶은 마음이 간절하다.

내 안의 악한 구조

인생의 갈등 속에서 하나님을 알고자 하면 할수록, 내 안에 뭔가가 심하게 잘못되었음을 인식하게 된다. 너무나 악한 것이어서 이겨 내고 싶은데, 그만큼 강하기에 오히려 나를 짓누른다. 그렇더라도 어떻게든 그것을 꺾어 없애야 한다. 내 안의 이 어두운 문제를 해결하지 않고서는 결단코 하나님을 발견하지 못할 것이다.

하지만 만만치 않다. 그 자체로 잘 조직되고 유연한 생명력을 가지고 있는 것 같다. 나는 이것을 내 안에 있는 구조라고 말한다. 하나님과 나 자신과 다른 사람에 대한 타락한 사고방식, 모든 진리를 거스르는 사고방식이다.

이 **타락한 구조**가 탄탄한 기반에 세워진 5층 건물이라고 생각해 보자.

뒤에 나올 이 피라미드 구조는 인간 속에 자리 잡은 악의 구조가 어떤 형태인지를 보여준다. 그 기반은 "나는 하나님을 의심한다"이며, 제7장에서 자세히 다룰 것이다. 이 기반 위에 올린 각 층은 1층부터 차례대로 "나는 네가 필요하다", "나는 너를 미워한다", "나는 내가 싫다", "나는 살아남을 것이다", 그리고 마지막으로 "내가 살아남는 법"이다. 내담자들이 상담가에게 들고 오는 모든 정신적인 문제들, 정도는 다르지만 누구나 겪는 삶의 각양 문제들은 탄탄한 참호처럼 구축된 이 악한 구조에서 비롯된다.

죄로 치우치는 우리의 성향은 하나님이 완전히 선한 분은 아니라는 의심에 뿌리를 둔다. 하나님의 선하심을 의심하는 태도야말로 이 타락한 구조의 기반이다. 하나님의 전능하심을 믿는다면 그분의 선하심은 믿을 수 없다. 우리의 고난을 해결해 주실 능력 있는 분이 해결해 주지 않으시니 말이다. 어려운 시기에 하나님의 침묵을 경험하면, 그분의 선하심을 의심하는 마음이 더욱 굳어진다.

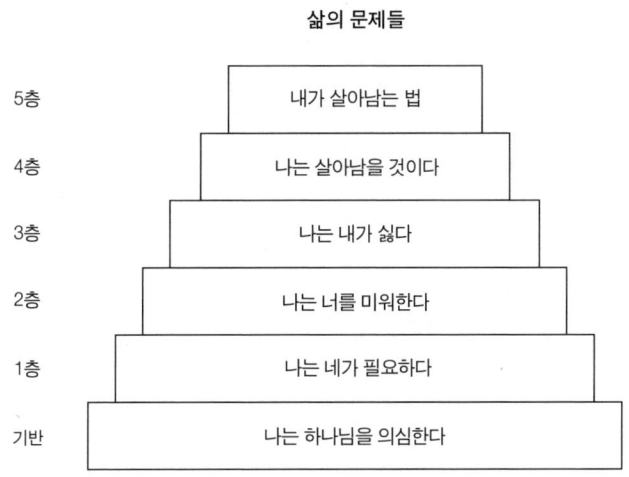

6장
하나님이 숨으실 때

도전받지 않은 믿음이야말로 당연시하기 쉽다. 인생이 내 식대로 잘 굴러갈 때는 자기가 하나님을 확고히 신뢰한다고 생각하고, 그 확신도 든든하고 건강해 보인다. 그때는 만사가 영적으로 다 좋아 보인다.

하지만 믿음이 심각한 도전을 받을 때는 어떤가? 인생이 사정없이 무너져 내릴 때는 어떻게 될까? 중요한 인간관계에 문제가 생겨 해결 조짐이 보이지 않을 때는? 직장이나 건강 문제로 사람들이 내 곁을 떠나고, 유일한 희망인 하나님마저 모습을 드러내지 않으실 때는?

성탄절 자살 사건

바로 앞 단락을 쓰고 있는데 전화벨이 울렸다. 펜을 놓고 수화기를 들었다. 친구 목사였다. 스물네 살 난 아들을 둔 친구가 있는데, 그 아들이 지난주에 자살을 했다는 것이다. 그것도 성탄절에.

사연을 다 듣고 수화기를 내려놓았다. 여러 질문이 어지럽게 떠올라 급류처럼 나를 온통 휘감고 돌았다. 끝도 없는 생각이 홍수처럼 밀려들었다. 암담했다.

"하나님, 그 청년의 경건한 부모에게 아이가 크게 잘못되었다고 알려주실 수도 있지 않았나요? 그 고뇌하는 영혼에게 어떻게 하면 소망을 줄 수 있는지 부모에게 지혜를 주실 수 있지 않았나요? 그들이 얼마나 고통스럽겠습니까! 당신은 신경도 안 쓰세요?"

"그리고 단 2주 전에라도, 아니 10년 전에라도 누가 조치를 취했다면 생사가 달라지지 않았을까요? 왜 그 젊은이에게 사람을 붙여서 제대로 인도해 주지 않으셨나요? 하나님, 왜 아무것도 하지 않으신 겁니까?"

그런 질문을 아무리 한들 대답이 없으리라는 것도 안다. 정답은 아무도 모른다. 오직 하나님만 아신다. 그런데 그 하나님은 말씀이 없다. 최소한 내가 원하는 대답은 안 주신다. 혹자는 말한다. 하나님은 혼돈과 슬픔 가운데 그분의 임재를 더 풍성히 느끼게 해주신다고. 맞는 말이지만, 꼭 그런 것도 아니다. 때로 하나님은 우리를 고난 속에 홀로 두신다. 이미 말씀으로 주신 위로 외에는 아무 위로도 주지 않으신 채로. 선배 그리스도인들의 말을 들어 보면, 그들이 기도 응답을 확실히 받은 때는 주로 신앙생활 초기였다고들 한다. 하지만 나는 아직도 응답을 원한다. 때로는 하나님보다 응답을 더 원한다.

고아와 과부

우리 친할아버지는 나이 서른에 세상을 뜨셨다. 그때부터 친할머니는 홀

몸으로 자식 넷을 키우셨다. 한번은 우리 아버지한테 빵을 사오라고 5센트짜리 동전을 하나 주면서 이렇게 말씀하셨다고 한다. "로렌스야, 잘 들어. 이게 마지막 돈이야. 절대 잃어버리면 안 돼."

할머니는 성경에서 "고아와 과부를 위하여 정의를 행하겠다"(신 10:18)고 약속하신 주님을 온전히 믿었다. 그렇다면 하나님이 약속을 지키신 것이 고작 이것인가? 아버지와 남편 없는 가족을 5센트 잃어버릴까봐 전전긍긍하는 가난에 방치하는 것이 약속을 지키신 것인가?

네 자녀도 아버지 없이 자라느라 다들 고생했다. 우리 아버지는 똑똑했는데도 가족을 부양하느라 고등교육을 못 받았다. 결혼해서도 가족을 부양하느라 낮에는 종일 기계를 팔러 다니고 밤에는 시와 문학작품과 성경을 탐독하셨다. 아버지 없는 아이들을 위하여 정의를 행하신다는 약속이 이런 개념인가? 재능을 발휘할 기회를 박탈해 버리는 것이 정의인가?

과부로 사신 할머니는 노년에 시력을 잃었다. 평생 가난과 외로움으로 고생하면서도 절대로 믿음이 흔들리지 않았던 할머니는, 말 그대로 흑암 속에 생을 마쳤다. 이것도 하나님이 "과부를 위하여 정의를 행하신다"는 약속을 지키신 것인가?

오리무중 세상

나는 어른이 된 후로 인간과 인생을 이해하는 데 모든 시간을 투자했고, 하나님이 어떻게 우리와 관계를 맺고 어떻게 우리 삶에서 일하시는지를 알고자 애썼다. 배운 것도 많았다. 하지만 아직도 인간이 까마득히 이해할 수 없는 것들이 있다. 경건한 부모가 키운 자식도 마약과 자살과 물질주의에 빠진다. 화목한 가정이 해결 불가능한 갈등으로 찢어지는가 하면, 때로는 엉망인 가정에서 훌륭한 그리스도인이 나오기도 한다.

우리는 인생을 인과응보의 논리에 따라 설명해 줄 정확한 도표를 그리려고 애쓰지만, 인생은 오리무중이어서 그런 노력을 헛수고로 만든다. 어렸을 적에, 몹쓸 짓을 한 다음날 아침 시험을 봤는데 A를 받았다. 그런가 하면 일주일 내내 올바르게 살았는데 시험 점수가 형편없었던 적도 있다. 오리무중 인생은 그때나 지금이나 마찬가지다.

그렇게 생각하다 보면 내가 사랑하는 사람은 아무도 자살하지 않으리라는 보장이 없다. 노력하면 그 가능성을 조금 줄일 수 있을지는 모르지만, 그런 내기 자체가 몹시 편치 않다.

매일의 일상에서 발견하는 하나님의 선하심에 대한 증거와 무관심에 대한 증거를 양팔 저울에 올려놓고, 어느 쪽이 더 무거운지에 근거해서 믿음을 결정한다면, 흔쾌히 하나님을 신뢰하고 헌신할 사람은 없을 것이다. 눈에 보이는 현상으로 판단한다면, 하나님이 내 삶에 역사하신다고 확신할 수가 없다. 성탄절에 아들을 잃고 슬퍼하는 그 가족의 삶에, 또는 홀몸으로 네 자녀를 키우느라 고생하신 할머니의 삶에, 하나님이 역사하셨다고 확신하기 어렵듯이 말이다.

지나친 비관주의?

내가 현실을 너무 가혹하게 묘사하고 있는지도 모른다. 어쨌든 할머니는 그 인고의 세월을 살아 내셨고, 아버지도 두 아들에게 쏟은 사랑과 수고의 결실을 보셨다. 하나님이 그 스물두 살짜리 청년의 자살을 통해 무언가 선한 일을 이루실지도 모를 일이다.

하지만 이 생각이 항상 통하지는 않는다. 때로는 좋은 결과 없이 슬픈 일로 끝나 버리는 일들도 있다. 나도 그런 경우를 보았다. 겉으로 보기에는 이해가 안 되고 제멋대로이며 좋은 유익을 끼치지도 못하는 일들이 있다. 어떤 여성은 아버지와 화해하려고 집에 갔다가, 아버지가 일주일 전에 돌아가셨다는 소식을 접했다. 어떤 아버지는 아들이 도둑질을 해서 체포된 바로 그날, 결혼도 안 한 딸이 임신한 사실을 알게 된 경우도 보았다. 오랫동안 지옥 같은 부부생활을 견뎌 온 여성이 희귀병에 걸린 경우도 있었다. 단란한 젊은 부부인데 남편이 차를 후진하다가 실수로 그만 어린 아들을 치어 죽이고 절망하는 경우도 보았다. 그때마다 하나님은 그런 비극을 허락한 목적을 알려 주지 않으셨다.

하나님의 불가해한 성품을 대면할 때, 하나님의 임재를 전혀 느낄 수 없는 상황에 처할 때, 우리가 보이는 반응은 다음 두 가지 중 하나다.

바보들의 천국

보이지 않는 하나님을 대하는 한 가지 반응은 **바보들의 천국에 사는 것이다.**
아무리 힘들고 상처받아도 무시한다. 답이 없는 질문은 잊어버린다. 만사가 다 잘 돌아가고, 나는 예수님을 사랑하고 이웃을 사랑한다고 되뇐다. 그리스도를 믿는 마음에서는 늘 생수의 강이 철철 흘러넘친다고 생각한다. 설교 시간에 자신의 갈등을 고백하는 목사의 말에는 절대 귀 기울이지 않는다. 목사가 개인적인 이야기를 하더라도(만에 하나 한다면) 이미 성숙해서 극복한 오래전의 갈등만 말하거나, 또는 현재 씨름하는 죄와의 싸움보다는 자기 약점을 재밌게 포장하는 목사의 교회를 다닌다. 설교 목적은 신자들에게 정확한 교리를 가르치기 위해서지, 절대로 온전한 관계나 순수한 열정을 불러일으키기 위해서가 아니다. 진리에 굶주리고, 평이한 성경 강해로는 대답할 수 없는 질문을 던지는 공동체는 전염병 피하듯 피한다.

내가 이런 강의를 하자 더그라는 사람은 상당히 못마땅한 듯 이렇게 말했다. "자기 속을 샅샅이 뒤져서 고통을 찾아내는 게 무슨 유익이 있습니까? 하나님은 뒤에 있는 것은 잊어버리고 푯대를 향해 앞으로 나아가라고 하셨습니다. 저는 문제가 닥치면 말씀으로 돌아가 말씀이 무어라고 가르치는지를 찾습니다. 그 다음 문제는 저의 순종입니다. 말씀에 순종하면 복을 받고, 불순종하면 징계를 받습니다. 왜 교수님은 관계다 갈망이다 동기다 하면서 일을 그렇게 복잡하게 만드시나요? 교수님은 교회에 마치 트로이의 목마들을 들여놓는 것 같아요. 단순하게 성경에만 집중하세요. 하나님이 말씀하시는 건 뭐든 순종하고요."

많은 사람들이 그렇듯이 더그는 기독교가 인생을 운용하는 단순 명료한 공식을 제공한다고 주장함으로써 인생의 힘든 현실을 외면하고 있었다. 부모가 하나님께 순종하면 자식도 잘되고, 부모가 불순종하면 자식한테도 문제가 생긴다. 이 얼마나 간단한가!

고통을 피하는 방책으로 순종을 이용하는 더그는 바보들의 천국에 살고 있었다.

상담 만능의 시류

인생을 순조롭게 운용하는 두 번째 방식은 **상담 만능의 시류**에 편승하는 것이다. 교회는 정신 건강에 해롭다. 무엇보다도 자기부인을 가장 경계해야 한다. 자기부인은 절대로 용서할 수 없는 죄다. 모든 질문에 만족스러운 해답을 구한다. 만사를 파헤쳐 이해한다. 신비를 피한다. 내 안의 모든 상처를 직시하고 수치심과 자기혐오야말로 하나님이 가장 기뻐하시지 않는 문제라는 신학을 개발한다.

개인의 건강한 심신을 최우선순위로 삼는다. 온전하고 행복한 삶, 수치심 없는 정체성을 계속 추구한다. 영적 성숙이나 그리스도를 닮은 삶 등을 인생 목표로 삼아서 이기적인 모습을 가린다. 중독, 낮은 자존감, 의존심 등을 극복하는 데 정진한다. 핵심은 나 자신임을 기억한다. 하나님은 내 자아실현을 방해하는 문제들을 해결해 주고 나의 가치를 일깨워 주기 위해 존재하신다는 것을 기억한다.

하늘나라에 갈 때까지 미결된 문제가 많을 수도 있다는 것, 어쩌면 해결이 **목적이 아닌** 문제도 많을지 모른다는 의심은 던져 버린다. 하나님은 내 고통보다 더 깊이 내 마음을 점령하고 싶어하신다는 사실을 외면한다. 내 기분과 상관없이 내가 계속 선을 행할 이유와 능력을 주려 하신다는 사실을 부정한다. 성취가 지연되는 것을 참지 말고, 지금 달라고 조른다.

아무 행동 지침 없이 나를 캄캄한 신비 속으로 인도하는 사람은 피한다. 내 영혼의 고뇌는 순종으로 해소되지 않고 오로지 하나님을 향한 신뢰에 푹 잠겨야 한다고 말하는 사람에게는 눈길도 안 준다.

더그가 말을 마치자 바로 뒤이어 다른 수강자였던 리사가 말을 하고 싶어했다. "교수님 강의가 많은 도움이 되었는데요. 몇 가지 더 나눌 말씀이 있어서요." 나는 다음날 그녀와 만나기로 했다.

다음날 그녀는 이렇게 말했다. "교수님, 저는 교수님의 강의를 참 좋아하는데, 가끔은 교수님이 너무 부정적이신 것 같아요. 제가 어떤 목사님을 따라 우연히 치유집회에 간 적이 있는데, 거기서 기적이 일어났어요. 그 목사님이 저를 십자가 앞으로 데려가셨는데, 하나님의 사랑이 마치 따스한 물처럼 저한테 온통 쏟아져 내리는 체험을 했지요. 순간, 모든 고통이 녹아 버렸어요. 지금은 너무 행복하답니다. 하나님은 정말 놀라우신 분이죠?" 그녀가 행복한 감정을 끌어내는 데만 관심 있는 것 같아서 내가 이렇게 물었다. "자매님, 하나님은 선한 뜻이 있어서 자매님께 고난을 허락하시고 자매님이 그 고통을 잘 견디기를 바라실 수도 있답니다. 그 점은 어떻게 생각하세요?"

그녀가 대답했다. "고통을 또 느끼면 상담이나 치유집회에 가면 되죠. 하나님은 제가 하나님의 자녀라는 특권을 누리기 원하신다고 믿어요."

고통을 통해 사랑하는 법을 배우기보다 고통을 해결하는 것이 더 중요한 사람들은, 하나님께 가는 길보다는 문제 해결을 제시하는 상담에 쉽게 발을 들여놓는다.

제 3 의 대안

이것이 우리 문화의 일반적인 두 양상이다. 근본주의자들 사이에 보편적인 첫 번째 양상은, 학문적 진리와 교만한 순종으로 영혼을 짓눌러 버린다. 교회 갱생을 부르짖는 자들이 좋아하는 두 번째 양상은 치명적 바이러스인 이기심을 그럴듯하게 포장해서 삶에 대한 환상을 만들어 낸다. 이 두 가지 태도는 우리를 철저히 **타락한** 피조물로 규정하지 않는다. 첫 번째 접근 방법은 의지적 행동을 통해 우리가 추락한 곳에서 자신을 건져 낼 수 있다고 보는 것 같다. 두 번째 접근 방법은 우리의 절망적인 상태를 도덕적 변명의 여지가 있는 것으로 보고, 따라서 하나님의 도우심을 하나님의 자비보다 우선시한다.

하지만 세 번째 대안이 있다. 이 대안은 구정물 같은 인간의 마음속에 뛰어들어, 그 속에 숨겨진 보화를 찾아내 활짝 웃으며 나올 수 있게 해주는 접근 방법이다. 이 대안은 앞의 두 가지 태도가 사소하게 여기고 무시한 현실을 정면으로 인정한다. 그 현실이란 하나님과 우리 자신, 다른 사람들에 관한 완전히 잘못된 사고방식으로서, 나는 이것을 인간 성품의 타락한 구조라고 부른다. 이 세 번째 대안은 타락한 구조의 추하고 완악한 힘을 직시하고 그것을 붕괴하는 고통스런 과정에 들어갈 것을 요구한다.

7장
타락한 구조의 기반

인간 성품의 타락한 구조를 설명한다는 것은 타락한 영혼의 초상화를 그리는 것과 같다. 내 안에서 뭔가가 상당히 잘못되었다. 우리는 모두 근본적인 허물이 있는데, 성경은 그것을 "옛 사람"(롬 6:6), "육체의 욕심"(갈 5:16), "죄의 법"(롬 7:23) 등으로 다양하게 명명한다. 용어마다 의미상의 차이는 있지만, 모두가 하나님을 아는 데 방해가 되는 핵심 걸림돌을 가리킨다.

하나님이 스스로 드러내기 원하시는 방식으로 우리가 하나님을 발견하려면, 즉 우리가 자유롭게 되어 기쁨과 목적의식을 가지고 사는 방식으로 하나님을 알고자 한다면, 문제 해결을 우선해서는 안 된다. 오히려 이 타락한 구조를 깨뜨려 무너뜨리는 하나님의 사역에 협력해야 한다.

에덴동산의 유혹

성경은 말하기를, 교묘한 뱀이 먼저 하와를 속여 죄를 짓도록 유혹했다고 한다. 그는 하와를 꾀어 하나님의 금지 사항 저변의 동기를 의심하게 만들었다. "하나님이 참으로 너희에게 동산 모든 나무의 실과를 먹지 말라 하시더냐?"(창 3:1)

이 질문에 깔려 있는 생각은 이렇다. "어떻게 그럴 수가 있어! 하나님이 정말 그걸 먹지 말라고 했단 말이지? 마치 엄마가 아이한테 좋은 장난감을 못 갖고 놀게 하는 거랑 똑같네."

속임수는 주효했다. 하와는 하나님이 뭔가 중요한 것을 감추고 있지 않나 의심하기 시작했다. 그녀는 이렇게 응수했다. "동산 나무의 열매를 우리가 먹을 수 있으나 동산 중앙에 있는 나무의 열매는 하나님의 말씀에 너희는 먹지도 말고 만지지도 말라, 너희가 죽을까 하노라 하셨느니라"(창 3:2-3).

하와는 세 가지 점에서 실수를 저질렀다. 첫째로, 하나님은 아담과 하와에게 한 가지만 빼고 나머지 과일은 **마음껏** 먹어도 된다고 말씀하셨다. 하지만 하와는 "먹어도 괜찮다"라고 말한다. 하나님의 풍성한 공급하심을 누릴 자유를 망각했다.

둘째로, 동산 중앙에는 **생명나무**가 있었는데, 아마도 선악과와 함께 있었을 것이다(창 2:9). 하지만 하와는 선악과만 보았다. 자녀를 향한 하나님의 계획은 생명이지 금지가 아니라는 진리를 망각했다.

셋째로, 하와는 하나님이 선악과를 아예 만지지도 말라고 했다면서 하나님의 금지 사항에 자기 생각을 덧붙였다. 자유보다 규율을 더 강조할 때, 그 규율은 배가되기 시작한다. 계속 배가되어 완벽한 규율 체계를 갖추면, 더 이상 규율을 세운 주체와 아름다운 관계를 누리지 못한다. 율법 체계가 성령을 소멸한다(고후 3:6).

뱀은 민첩하게 하와의 실수를 활용한다. "너희가 결코 죽지 아니하리라." 너희가 그것을 먹는 날에는 너희 눈이 밝아져 하나님과 같이 되어 선악을 알 줄 하나님이 아심이니라"(창 3:4-5).

속임수는 완벽했고, 죄를 낳았다. "여자가 그 나무를 본즉 먹음직도 하고 보암직도 하고 지혜롭게 할 만큼 탐스럽기도 한 나무인지라. 여자가 그 열매를 따먹고 자기와 함께 있는 남편에게도 주매 그도 먹은지라"(창 3:6). 하와는 하나님이 뭔가를 숨기신다고 결론지었다. 하나님이 무언가 좋은 것을 갖고 계시면서 인간이 누리지 못하게 막으신다고 생각한 것이다. 하나님이 좋은 것을 많이 주셨다는 사실을 부인할 수는 없지만, 뱀의 말을 들으니 하나님이 그보다 더 좋은 것을 움켜쥐고 안 주신다는 생각이 들었다. 그래서 일을 저질렀다. 하와의 불순종은 하나님의 선하심을 의심한 결과였다.

하와는 뱀의 유혹에 철저히 속아 넘어갔다(고후 11:3; 딤전 2:14). 우리가 알기로, 아담은 속지는 않았다. 그는 하나님이 풍성한 삶을 일부러 안 주신다고 생각하지는 않았다. 하지만 아내가 죄를 저지르자, 하나님은 그 문제를 선하게 해결해 주실 만큼 **충분히 선하시**다고 확신하지 못했다. 그는 하나님의 용서를 경험한 적이 없었다. 그때까지만 해도 그분의 용서가 필요한 상황이 없었으니까. 하지만 하나님의 무한한 선하심을 신뢰하며 그것이 이루어지기를 바라기보다는, 아내의 범죄에 동참하여 문제를 해결하려 했다. 하와는 하나님의 선하심을 의심했고, 아담은 하나님의 은혜가 죄를 덮고도 남을 만큼 **충분히 선하신**지를 의심했다.

다시 말하면 이렇다. 하나님이 좋은 것을 감추고 계신다는 생각이 들기 시작하면서 하와는 하나님을 의심하기 시작했고, 결국 자기의 안녕을 증진하기 위해 발 벗고 나섰다. 아담이 죄를 범한 아내의 문제를 하나님이 제대로 해결해 주실 만큼 하나님이 선하신지 신뢰하기보다는 아내를 잃기 싫어 그녀의 말을 듣는 순간, 이 구조가 인간 영혼의 중심에 견고히 자리 잡았다. 이제 인간은 모두 타고난 의심꾼이 되었다. 아담 이후로 이 의심은 단 한 사람〔그리스도〕을 빼고는 모든 인간에게 바이러스처럼 전염되었다.

하나님을 발견한다는 것은, 가난과 기회 상실과 비행기 추락사를 겪으면서도 하나님의 선하심을 신뢰한다는 의미다. 무슨 일이 있더라도 이 확신을 지키고 누리며 다른 사람에게 전하는 것이 우리의 소명이다. 하지만 이 일은 쉽지 않다. 우리는 모두 치명적인 병을 안고 태어난 존재다. 바울은 이 병을 "내 지체 속에 있는 죄의 법"이라고 불렀다(롬 7:23).

이 법은 하나님의 선하심을 의심하는 성향, 또는 하나님을 온전히 신뢰해도 될 만큼 "충분히 선하지" 않다고 의심하는 성향이라고 나는 생각한다.

타고난 의심꾼

모든 인간은 태어나는 순간부터 의심꾼이다. 태어나 처음 내뱉는 소리도 공포의 울음소리다. "내가 지금 진입하는 이 세상은 도대체 어떤 세상이지?"라고 신생아는 울부짖는다. "내 필요가 다 채워질까? 나를 뒷바라지해 줄 사람이 늘 옆에 있어 줄까? 나를 먹여 주고 입혀 주고 보살펴 줄 사람이 있다고 믿어도 되는 걸까? 내가 정말 편하게 쉴 수 있을까?"

세상이 자신의 필요를 섬세하게 채워 주리라는 신뢰가 신생아의 마음

속에 저절로 일어나는 경우는 절대 없다. 그들은 증거를 요구한다. 포만감, 뽀송뽀송한 옷, 따뜻한 침대, 사랑어린 관심이 채워질 때만, 신뢰감이 생긴다.

이 세상의 최종 권위자가 선한 존재라는 신뢰를 타고나지 못한 세상의 모든 아이들은 탄생 순간부터 공포를 경험한다. 그리고 자라면서 경험을 통해 이 공포감은 점점 커진다. 전쟁이나 가난을 겪을 수도 있고, 방치되거나 학대받을 수도 있다. 특별한 정신적 충격을 경험하지 않는다 할지라도 그들은 공포감에 사로잡힌다. 인생 자체가 정신적 충격이며, 공포 분위기를 조성하는 한 편의 드라마이기 때문이다.

태어나면서부터 시작된 의심은, 기댈 수 없는 세상에 절대적으로 기대야 한다는 두려움으로 확산된다. 그리고 이 두려움은 신속하게 분노로 발전한다. "아무도 줄 수 없는 걸 바라는 내가 잘못인가? 내가 받을 수 없는 사랑을 받고 싶어하는 존재가 된 건 내 책임이 아닌걸. 누군가가 그렇게 만들어 놓고는 그 사랑을 내게 주지 않잖아. 이건 불공평해. 이 피할 수 없는 고통이 나를 정말 미치게 하는군!"

누구에게 분노하는가? 바로 우리 인생에 가장 큰 책임을 지고 있는 존재에게 분노한다. 우리의 신뢰를 받고 싶어하지만, 우리의 모든 필요를 즉각 채워 주지 못해서 그 신뢰를 얻지 못한 존재에게 분노한다. 자칭 타의 추종을 불허하는 능력자요 못 말리게 선한 존재라고 하면서 우리를 끔찍한 학대에서 보호해 주지 않는 존재에게 분노한다. 아기는 부모에게 분노하고, 궁극적으로는 하나님께 분노한다.

타락한 구조를 지닌 인간의 논리로 보면, 하나님께 화를 내는 것은 당연하다. 성령이 개입하시지 않으면 누구나 다음과 같이 생각한다. "하나님이 그렇게 선하시다면, 어떻게 그 남자가 나를 건드리게 그냥 두실 수 있단 말입니까? 어떻게 우리 엄마가 아픈 걸 그냥 두고, 힘없이 절룩거리는 내 다리를 그냥 두실 수 있단 말입니까?"

타락한 구조의 기반에는 하나님의 선하심에 대한 의심이 있고, 이 의심은 기댈 수 없는 세상에서 나 혼자라는 두려움을 낳으며, 이 두려움은 나를 고통에서 지켜 주지 못하는 하나님에 대한 분노로 발전한다. 설상가상으로 하나님께 도와 달라고 나아갔는데, 하나님은 도리어 우리가 하나님을 사랑하고 이웃에게 선을 행치 않은 것이 잘못이라고 말씀하신다. 대부분은 이 대목에서 더 이상 참지 못한다(롬 7:5).

하나님과 담판 짓기

두려움이나 분노가 내 질문을 멈추지 못한다. 오히려 더 많은 질문을 낳는다. 물론 하나님이 내 건방진 태도를 받아 주시고 내 질문에 답변하시지 않으리라는 것은 알지만, 그래도 계속 질문한다. 답변을 듣건 못 듣건, 내 속에서 계속 질문하고 싶어하기 때문이다. 마치 질문을 위한 질문인 것 같다. 혼란을 말로 표현하다 보면 어쩐지 내가 힘을 쥔 듯한 만족감이 생겨, 설명할 길 없는 광란의 삶을 버틸 수 있게 해준다.

내 질문은 가르침을 바라는 순수한 호기심이라기보다는, 배신감에 화가 나서 쏟아 내는 규탄에 가깝다. 터무니없게 들릴지 모르지만, 나는 하나님과 담판을 짓고 싶어하는 것 같다. 내 영혼 속에서 꿈틀거리는 고약한 에너지는 **하나님께 도전하고 싶어한다!** 승산은 없어 보이지만, 싸움 자체에 오기가 발동한다. 결국은 내가 지겠지만, 그래도 두어 번 펀치를 날릴 수는 있지 않을까?

이 에너지야말로 사탄이 밀어붙이는 에너지가 아닐까? 사탄은 하나님과 상대가 안 되는 것을 뻔히 알면서, 패배할 것을 뻔히 알면서, 하나님의 권좌를 침탈하려고 싸움을 걸었다. 왜 그랬을까? 들끓는 증오심에 눈이 먼 것일까? 사실은 하나님에게서 파생된 그 힘을 하나님께 대드는 데 쓰다 보니 스스로 전능자처럼 느껴서 그렇게 돌격한 것일까? 그것이 중독처럼 계속 사탄을 움직인 것은 아닐까? 가장 두려운 질문은 이것이다. 나는 어둠의 자식들 중에서 구원받은 존재임에도 불구하고, 아직도 하나님께 도전하고 싶은 욕망이 있다. 그렇다면 내 안에는 여전히 어둠의 아비를 닮은 구석이 남아 있는 것은 아닐까?

하나님이여, 스스로를 증명하라

하나님에 대해 건방진 생각이 들 때, 나는 두려워하기보다 오히려 의기양양해지는 기분을 느낀다. 하나님의 선하심에 도전하는 일목요연한 나의 고발을 듣고 하나님이 어떻게 자신을 변호하실지 궁금해진다.

이런 느낌은 내가 처음이 아니다. 욥은 나와는 비교할 수도 없는 큰 고난을 겪은 후 이렇게 말한다.

> 내가 어찌하면 하나님을 발견하고
> 그의 처소에 나아가랴?
> 어찌하면 그 앞에서 내가 호소하며

변론할 말을 내 입에 채우고

내게 대답하시는 말씀을 내가 알며

내게 이르시는 것을 내가 깨달으랴(욥 23:3-5).

모든 행복이 슬픔으로 변한 고난의 자리에서 하나님께 도전하겠다는 생각이 들자, 욥의 내면에 무언가가 살아 꿈틀거리기 시작한다. 교만은 참된 활력으로 위장하기 쉽다. 절실하고 감사한 마음으로 하나님께 겸손히 자신을 내어드리지 못하는 것도 바로 교만 때문이다. 그래서 하나님도 교만을 가장 싫어하시는지도 모른다.

모든 인간의 영혼에 하나님께 도전하기 좋아하는 성향이 있는 것은 바로 이 타락한 구조 때문이다. 도전은 강렬한 정체감을 준다. 이 악한 구조는 하나님이 온전히 신뢰할 수 있을 만큼 선하지 않을 것이라는 생각, 따라서 우리 힘으로 자신을 지켜야 한다는 생각과 함께 형성되기 시작한다.

하나님의 선하심을 의심할 때

하나님의 선하심을 의심할 때, 그리고 인생이 너무 힘들어서 더 이상 하나님을 신뢰하는 것이 미친 짓으로 보일 때, 어떤 일이 일어나는가? 그럴 때는 자기신뢰가 전적으로 합당해 보인다. 그것이 옳아 보일지는 몰라도, 실상은 죽음으로 가는 길이다(잠 14:12). 우리 삶에 제대로 개입하시지 않는 하나님의 부족함을 메우기 위해 인생의 몇몇 일들은 스스로 해결해야 한다고 확신한다.

죄란 하나님의 선하심을 부족하게 여기고, 그 부족분을 스스로 메우려고 노력하는 것이다. 하나님 대신 **자아**를 신뢰하는 것, 그것이 바로 죄다.

우리가 그리스도를 직접 만나 볼 때까지는, **자아**라는 이 깨지기 쉬운 존재를 보호하고, 사랑과 존중과 의미를 갈망하는 우리의 정체감을 발전시키려고 애쓸 것이다. 눈에 보이는 것으로 하나님을 판단하는 우리의 편견이 약해지기 전에는, 온 맘과 정성을 다해 **우리 자신**을 돌볼 것이다. 그 결과는 절대로 하나님을 발견할 수 없다는 것이다.

인생을 괴롭히는 문제를 해결하기보다 그 문제를 지탱하는 타락한 구조를 무너뜨려야 한다. 하나님은 온전히 신뢰할 수 있을 만큼 충분히 선하지 않기 때문에, 우리 힘으로 정의를 구현해 마땅하다는 교만한 전제에 세워진 이 구조를 무너뜨려야 한다.

오늘날 우리는, 이 타락한 구조의 열매를 어느 때보다 여실히 목격하고 있다. **자아** 발견, 자기보호, 자기개발, 자아실현, 자기표현, 자기보전 등 자아충만의 시대다. 이것들이 현 시대에 문제를 해결해서 얻으려는 최종 목표다. 문제를 통해 **자아**를 발견하라! 당신의 가장 위대하고 소중한 야망, 바로 당신 **자신**을 즐기기 위해 하나님을 의지하고 도움을 구하라!

자아에 몰두하는 문화적 강박증은 상처 치유 운동에서 잘 드러난다. 지난날, 사람들은 과거를 면밀히 검토했다. 역기능적인 가정 환경을 극복하고, 수치심과 상처로 얼룩진 자아를 딛고 존엄성을 회복하며, 내면의 가치를 강조함으로써 의존심에서 벗어나고자 했다. 심지어 교회에도 '치유'라는 단어가 들어왔다. 자아라는 우상에 쏟아 부은 헌신을 부끄러워하기보다는, 그것이 마치 복음의 연장선인 양 과시한다. "하나님이 우리를 사랑하시는데, 어떻게 우리가 자신을 사랑하지 않을 수 있습니까? 우리의 자존감이 높아질 때, 하나님도 영광을 받으십니다"라고 말하면서 말이다.

바울이 경고했던 말세의 "고통하는 때", 사람들이 "자기를 사랑"하고 자기애에 기인한 온갖 죄를 저지르는 때가 바로 우리 시대가 아닐까?(딤후 3:1-2) 악의 정수라고 할 수 있는 자기애가 최고의 미덕으로 각광받는 역사의 정점에 와 있는 것은 아닐까?

그렇다면, 하나님이 멀게 느껴지는 것은 당연하다. 우리의 타락한 본성을 이해하면 할수록, 왜 하나님을 발견할 수 없는지 알게 된다.

8장
왜 하나님은 숨으시는가

인생은 비극이라는 실로 뜬 천과 같다. 그 비극 속에 하나님은 계시지 않는 것 같다. 왜? 왜 우리가 하나님의 임재를 가장 느끼고 싶어하는 순간에 그분은 멀리 계시는 것일까? 왜 우리가 하나님의 음성을 그렇게 갈망할 때 그분은 침묵하시는 것일까? 왜 우리는 하나님을 열심히 찾는데 발견하지 못하는 것일까?

정답은 우리의 타락한 구조에 있다. 여전히 이 구조를 끌어안고 하나님께 접근할 때, 하나님은 우리에게 귀 기울이시지 않는다. 그분은 우리 입에서 나오는 말을 단 한마디도 듣지 않으신다. 우리와 거리를 두신다. 왜 그럴까? 우리가 이 구조를 적나라하게 볼 수만 있다면, 하나님이 왜 그렇게 불쾌해 하시는지 알 것이다. 이 구조가 가장 추한 모습일 때 드러내는 의미는 다음과 같다.

"하나님, 당신을 증명해 보시죠! 당신의 선함이 의심스럽거든요. 내 삶에서, 내가 사랑하는 사람의 삶에서 일어난 일을 한번 보시죠. 뭔가 끔찍한 일이 일어날 것 같은 두려움을 안고 하루하루를 살아간다는 게 어떤 기분인지 아세요? 나쁜 일이 절대로 안 일어날 거라고 보증을 안 해주시니, 당신이 믿을 만한 분이라는 걸 나한테 증명해 달라고요."

"증명해 주지 않는다면, 나는 당신을 예배하거나 섬길 의무가 없는 자유인임을 선언합니다. 도대체 내가 왜 당신을 **섬겨야 한단** 말입니까? 당신을 신뢰하고 당신의 명령에 순종한다고 내가 원하는 걸 주신다는 보장이 있습니까?"

"아무도 내 인생에 신경 쓰지 않는 마당에, 나의 안위를 내가 챙기는 게 무슨 잘못이란 말입니까? 저는 품격 있는 사람입니다. 남의 일에 참견한다든지, 도덕적으로 선을 넘는다든지, 남의 고통을 외면한다든지, 그런 행동은 절대 안 합니다. 하지만 저를 보호하기 위해서 꼭 해야만 할 때는 그런 일을 할 수도 있지요."

"제 자신을 보살피는 게 잘못이라는 말씀은 하지 마세요. 당신은 선하심을 제게 입증해 주지 않았습니다. 따라서 저를 나무랄 권리도 없고 저의 신뢰를 주장할 권리는 더더욱 없습니다. 저랑 더 나은 관계를 정립하고 싶으시다면, 무얼 해야 하는지 잘 아실 겁니다. 힘을 좀 써서 제 상황을 개선해 주세요. 저는 상처 덜 받고, 좀 더 괜찮은 사람이 되고, 인생도 살 만 했으면 좋겠어요. 제가 바라는 건 단 하나, 당신이 주장하시는 그 선하심을 제 눈앞에 직접 보여 달라는 겁니다. 그게 그렇게 마땅찮으세요? 그렇게만 하시면, 저도 당신을 신뢰하게 되겠죠. 언젠가는 당신께 감사하게 될지 누가 알아요?"

가히 코미디에 가까운 위험천만한 태도다. 자기의로 꽉 차서 반항하면 왠지 근사한 사람처럼 느껴진다. 하나님께 이렇게 접근하는 태도는, 하나님을 누리기 원하는 겸손한 갈망이 아니라 자기밖에 모르는 교만한 마음을 드러낸다. 이렇게 자기의에 입각해서, 자기본위의 의심에 기초해서 하나님께 접근하기 때문에 하나님은 우리 말을 듣지 않으신다. 우리가 하나님을 발견하지 못하게 하신다.

너무 극단적이라고 생각하는가? **그리스도인들이** 정말 이런 식으로 말한단 말인가? 불신자들이야 그럴 수 있겠지만, 설마 그리스도인들이? 나도 하나님한테 그런 식으로 나아갈까? 나는 그리스도인이 된 지 40년이 넘었다. 그런데도 내 안에 그런 성향이 남아 있단 말인가? 그리고 우리 각자의 심령에도?

잘못된 태도로 하나님께 나아가는 경우

잘못된 태도로 하나님께 나아가는 경우는, 거창한 영적 전쟁뿐 아니라 매일의 일상적인 결정에서도 얼마든지 찾아볼 수 있다. 얼마 전에 나는 힘든 결정을 해야 할 상황에 직면했다. 양자택일의 기로에서 둘 다 마음이 끌렸지만, 어쨌든 둘 중 한 가지는 포기해야 했다. 양쪽 모두 사람들이 관련된 사안이었으므로 중대한 결정이었다.

결정 당일, 나는 그 사안을 생각하다 잠에서 깼다. 샤워를 하면서도 하나님의 인도하심을 간구했다. 물론 몇 주 동안 내내 기도했지만, 하나님의 분명한 인도하심을 아직 못 느끼고 있었다. 불안해졌다. 막다른 길에 몰린 기분으로 하나님의 인도하심을 간절히 바랐다.

뜨거운 물줄기가 등을 때리는 순간, 문득 이런 생각이 들었다. "어쩌면 오늘 금식을 해야 할지도 모르겠는걸. 최소한 아침과 점심을 굶고 기다리면 오후 5시쯤에는 하나님의 뜻을 알려 주실지도 몰라."

지난 몇 년 동안 나는 육체의 한계를 뛰어넘는 금식을 통해 영적 집중력을 높이는 훈련을 해왔다. 훌륭한 성인들도 하나님의 음성을 잘 듣기 위해 금식을 했다는 이야기를 여러 책에서 읽었다. 금식은 꽤 좋은 생각인 듯했다. 하나님이 말씀하시도록 설득하기에 아주 좋은 방법 같았다.

금식을 실행으로 옮겨야겠다는 생각이 드는 찰나, 뭔가 잘못됐다는 느낌이 왔다. '이러면 하나님이 감동 좀 받으시겠지!'라는 고상한 속삭임이 내 속에서 비집고 나왔다.

타락한 구조가 작동하고 있었다. 하나님의 도우심을 바라는 갈구가 내 생각을 왜곡해서 결국은 하나님이 반드시 나를 도와주셔야 한다는 생각, 하나님이 그분의 선하심을 주장하려면 **마땅히 도와주셔야 한다**는 생각에 이른 것이다. 하나님께 나아가되, 이미 하나님의 선하심을 확신하는 마음으로 나아간 것이 아니었다. 하나님이 내 계획에 협조하시지 않을 때도 그분의 선하심을 고백할 각오가 되어 있지 않았다. 하지만 하나님은 그래야 한다고 말씀하신다. 하나님은 선한 분이다. 형이 비행기 추락사고로 죽을지라도, 당신 아들이 자살을 할지라도 말이다.

이 말이 거친 명령조로 들릴 수도 있다. "자, 다들 잘 들어 둬. 하나님은 선하시니, 무조건 믿는 게 신상에 좋을 거다!" 또는 우리의 모든 꿈을 능가할 정도로 우리를 뜨겁게 사랑하시는 분을 함께 누리라고 초대하는 온유한 말로 들릴 수도 있다.

하나님의 선하심을 믿기가 어려울 수도 있다. 인생의 험한 사건들로 극심한 믿음의 갈등을 겪다가 완전히 나가떨어질 수도 있다. 하지만 하나님의 선하심을 믿으려고 애쓰는 노력이 하나님이 선하시다는 진리를 변개하지는 못한다. 하나님은 고통 주기를 원치 않으신다. 나를 복 주시기 원하며, 나의 행복은 내가 그분을 발견하느냐의 여부에 달려 있음을 아신다. 하나님은 나를 영원히 행복하게 해주려고 열과 성을 다하신다. 때로 내가 힘이 빠지는 이유는, 그것을 행하시는 방법이 내 생각과 다르기 때문이다.

그날 아침 샤워를 할 때, 나는 하나님이 선하시다는 진리에 조율되어 있지 않았다. 하나님의 선하심이 구체적으로 표현되는 것에 더 관심이 있었다. 나는 이 결정 사안에 대해 하나님의 뜻을 간절히 알기 원했고, 둘 중 어느 쪽으로 인도하시든 받아들일 준비가 되어 있었다. 그렇다면 어느 쪽으로든 명확하게 인도해 주셔야 하는 것이 아닌가? 아버지의 인도를 구하는 것이 잘못인가?

솔직히 내가 금식을 한다고 하나님이 응답해 주실지 확신은 없었다. 하지만 마땅히 그러셔야 한다고 생각했다! 이것이 바로 내 속에서 타락한 구조가 작동하고 있다는 증거다. 만약에 하나님이 제대로 응답하시지 않는다면, 나는 마땅히 항변할 자격이 있다는 은밀한 생각이 버젓이 자리 잡고 있다! 그것이 얼마나 뻔뻔한 생각인지 알면서도 그 때문에 마음이 아프기보다는 내가 왠지 능력 있고 당당하고 용감하게 느껴졌다. 더할 나위 없이 숭고한 힘이 솟는 듯했다.

금식을 할까 말까 망설이던 와중에 내 속에서 이런 불평이 들려왔다. "정말 하나님은 알다가도 모르겠어. 나는 금식까지 각오했는데, 하나님은 눈치도 못 채시는 것 같아. 도대체 어떻게 해야 하나님의 협조를 얻어 낼 수 있단 말인가?"

대부분의 문제의 뿌리에 자리 잡은 타락한 구조는 불평에서 가장 잘 드러난다. 만사가 내 뜻대로 되지 않을 때, 우리는 인생의 정말 중요한 문제에 관해서는 하나님을 신뢰할 수 없다고 불평한다. 하나님과의 관계가 차갑게 식는다.

나는 하나님이 세우신 장애물을 뛰어넘을 준비가 되어 있었지만, 그것은 내가 바라는 대로 하나님이 응답하실 경우에 한해서였다. 하나님의 분명한 인도를 바라며 금식기도를 하되, 그리 아니하실지라도 하나님의 선하심을 찬양하겠다는 각오로 했더라면, 내 접근 방법은 어떻게든 나를 하나님께로 인도했을 것이다.

모든 사람에게 내재한 타락한 구조는 심각한 거짓말에 근거해 있다. 아주 중요한 문제들에 관해서는 하나님을 신뢰할 수 없다는 거짓말이다. 복잡한 주차장에서 자리가 나면 얼른 감사하지만, 영혼에 관한 한 하나님을 신뢰하지 않는다.

이 거짓말을 얼마나 믿느냐에 따라 내 힘으로 축복을 확보하려는 주도권을 행사하는 정도가 달라진다. 자신이 소중히 여기는 것을 보존하려고 애쓰면서 하나님의 무관심으로 인한 부족분을 보충하는 것이라고 주장한다. 그렇게 주도권을 휘두르다 보면, 내가 원하는 일이 일어나도록 압박하게 되고("딸애 생각이 틀렸다는 걸 반드시 깨닫게 해주겠어"), 실패할까봐 걱정하고("그 애와의 관계가 원만히 해결될까?"), 충분한 도움을 못 받는다고 원망하게 된다("하나님은 딸애를 반듯하게 변화시키지 않고, 다른 이들도 전혀 도움이 안 되네").

이 거짓말을 믿는 것은 어제오늘 일이 아니다.

성경에 나오는 실례

이사야 선지자 시대의 이스라엘 사람들도 나처럼 금식으로 하나님과 흥정하려 했다. 그들의 태도가 어떠했는지 하나님의 말씀을 들어 보자. "그들이 날마다 나를 찾아 나의 길 알기를 즐거워함이…… 의로운 판단을 내게 구하며 하나님과 가까이 하기를 즐거워하는도다"(사 58:2).

그러나 하나님은 "너희가 오늘 금식하는 것은 너희의 목소리를 상달하게 하려는 것이 아니니라"라고 말씀하신다(4절).

그들은 하나님을 찾으려는 노력에는 잘못이 전혀 없다고 생각했다. 잘못은 하나님께 있다고 생각했다. 하나님이 마땅히 할 일을 안 하시니, 자기들로서는 하나님의 선하심에 의문을 제기할 권리가 있다고 생각했다. "우리가 금식하되 어찌하여 주께서 보지 아니하시오며 우리가 마음을 괴롭게 하되 어찌하여 주께서 알아 주지 아니하시나이까"(3절).

다시 말해서 "하나님, 우리 쪽에서 할 일은 다 했거든요. 이제 우리가 원하는 걸 해주실 차례예요. 당신의 선하심을 증명하셔야 하지 않습니까? 그런데 그렇게 안 하시니, 우리도 당연히 불평할 권리가 있지요."

이스라엘의 다른 한 부류도 이와 같이 불손했다. 하나님은 그들에게 말씀하셨다. "그들이 큰소리로 내 귀에 부르짖을지라도 내가 듣지 아니하리라"(겔 8:18). 그들은 하나님을 억지로 강요해서 자기들에게 귀 기울이게 할 수는 없었다. 에서가 아버지 이삭의 축복을 받으려고 눈물로 호소했으나 못 받은 것과 마찬가지다.

"내가 듣지 아니하리라." 이런 끔찍한 말이 또 있을까. 왜 하나님은 그들의 말을 듣지 않으실까? 그렇다면 내 말은 들으실까? 나도 하나님께 소리치고 있지는 않은가? 또는 하나님을 찾을 수 없다는 절망감으로 침상에서 슬피 부르짖고 있지는 않은가?(호 7:14)

이스라엘 백성의 경우를 보면, 하나님께 자신을 **증명하라고** 요구하면서 교만하게 나아갈 때 하나님은 내 말을 듣지 **않으실** 것이다. 나를 위해 무엇이든 해달라고 요구할 **권리**가 있다고 생각하면서 나아간다면, 하나님은 내 말을 듣지 **않으실** 것이다. 내 목적을 이루는 데 하나님이 유용하기 때문에 중요시한다면, 하나님은 나를 피해 숨으실 것이다.

하나님이 원하시는 방식대로 하나님을 찾고자 한다면, 즉 우리가 기쁨과 목적의식을 가지고 살도록 자유롭게 하는 방식으로 하나님을 알고자 한다면, 문제 해결을 우선순위에 두지 말아야 한다. 타락한 구조를 벗어버리고, 하나님에 대한 의심의 기반을 견고한 신뢰의 기반으로 대체해야 한다.

9장
견고한 구조의 기반

타락한 구조를 벗어버리는 것은 가히 혁명적인 사건이다. 오늘날처럼 비도덕적인 세상과 그 세상살이에 딱 어울리게 만들어진 우리 인간 속에서는, 먼저 악부터 없애고 그 자리를 선으로 대신해야 한다.

중생과 함께 옛사람의 특징인 사악한 교만은 완전히 사라진다고 주장하는 사람들이 있다. 적어도 그 교만이 우리를 괴롭히지 못할 정도로 매우 약해진다고 한다. 그들은 말한다. 그리스도를 향한 우리의 사랑이 우리 마음을 가득 채워서, 다른 감정은 모두 불사르고 우리를 하나님의 선하심에 든든히 정박시켜 준다고.

치유 전문가들은 수치심이야말로 우리가 책임감 있게 사랑하며 살려는 노력을 잠식하는 가장 중대한 "죄"라고 가르친다. 우리를 얽어매는 수치심에서 해방될 때, 비로소 성숙과 건강한 정서로 나아가게 된다고 한다. 이 전문가들의 언어로 말하자면, 하나님을 발견한다는 것은 하나님의 사랑으로 자유롭게 되어 우리 자신을 가치 있는 존재로 받아들이고, 우리의 가치를 하나님의 은혜의 증거로 과시함을 의미한다.

이 노선에 따르면, 그리스도인의 성장이란 선한 것만 계속 개발하는 것이다. 없애야 할 나쁜 것이 아직 남아 있다든가, 계속 드러내고 버려야 할 사악한 것이 있다고는 생각하지 않는다. 이런 부류의 사람들은 말한다. 내면의 진짜 원수는 죄가 아니라 우리의 선함을 믿지 못하는 확신 부족, 우리의 새로운 정체성에 대한 제한적 인식이라고 말이다.

내면의 유혈 혁명

하지만 내가 제시한 타락한 구조가 중생 이후에도 건재하다면, 하나님께 그분의 선함을 입증하라고 요구하는 고집스런 성향이 아직도 우리 안에 도사리고 있다면, 하나님을 발견하기 위해서는 내면의 혁명을 각오해야 한다.

물론 적당한 회복은 적당한 희생으로 가능하다. 좋지 못한 자아상을 극복하고 싶다면, 자기개발서를 읽고 자신의 장점들을 긍정한다. 술을 과하게 마신다면, 상담도 받고 알코올 중독자 모임에도 나가면서 열심히 회복에 전념한다. 이렇게 적당한 회복만으로도 사고와 행동을 바꿀 수 있다. 하지만 잘못된 중심은 변하지 않는다. 총체적인 회복에는 그 이상이 필요하다.

하나님의 선하심에 대한 굳은 확신을 회복하려면 내면의 유혈 혁명이 필요하다. 굳이 그렇게까지 해야 하나 싶을 만큼 고통스런 혁명이 필요하다. 인간 성품의 타락한 구조를 벗어버리고 거룩한 구조를 옷 입으려면, 다음 네 가지 조건을 만족해야 한다.

- 내면의 고통이 언제 끝날지도 모르고, 그 고통을 해소할 능력도 없는 상태에서 고난을 견딜 각오를 해야 한다. 여기서 죽는구나 싶을 만큼 힘든 고난을 견뎌야 한다.
- 우리에게 편안함과 즐거움을 주던 것들이 더 이상 아무 역할도 못할 만큼 힘든 고난 속으로 들어가야 한다. 전에는 고통을 해소해 주던 즐거움이 이제는 지겨워질 정도까지, 힘든 고통 속으로 들어가야 한다. 고통을 해소해 주던 죄의 쾌락이 그 힘을 잃어야 한다.
- 성령께서 우리의 타락한 구조를 온전히 드러내시기를 간절히 구해야 한다.
- 성령께서 그리스도의 아름다운 성품을 온전히 드러내시기를 간구해야 한다. 인생의 폭풍우 속에서도 그리스도를 알고 그분의 성품을 남들에게 비추는 것이 우리의 가장 안전한 닻이 되게 해달라고 간구해야 한다.

표면적 변화

우리는 대부분 이 네 가지 조건을 잘 모르고 대충 산다. 고통에서 벗어나기만 바라고, 그 고통에서 벗어날 수만 있다면 무슨 짓이든 하려 한다. 성령께서 우리의 추한 모습보다 우리의 가치를 긍정해 주시기를 기대한다. 고난을 통해 하나님을 알기보다는 자아실현에 더 끌린다.

혹독해 보이는 위의 네 가지 조건에 별로 신경 쓰지 않고도 인생을 제법 유쾌하게 살 수 있다. 저변에 깔린 타락한 구조를 붕괴하지 않고도, 문제를 해결하고 고통스런 감정을 해소하고 힘든 관계를 개선할 수 있다. 부실한 기반 위에서도 집을 다시 짓거나 방을 새로 꾸밀 수는 있다. 표면적인 변화는 기독교 상담실이건 일반 상담실이건 어디서나 끊임없이 일어난다.

사람들을 목양하고 제자 삼고 전도하고 상담하는 이들 중에도 타락한 구조가 전혀 건드려지지 않은 채 남아 있는 경우가 허다하다. 그들의 사역이 깊이보다는 크기에 치중하고, 그들이 하는 선한 사업도 가장 혹독한 시련을 견뎌 낼 성품을 키우는 데는 실패한 것이 아닌지 우려스러울 때가 있다.

현실에 통렬히 저항하지 않는 적당한 움직임에 만족해서는 안 된다. 이 땅에서 하나님의 뜻을 이루려면, 우리 안에 있는 원수의 흔적은 하나도 남김없이 쓸어버려야 한다.

잘못 설정한 적군과 싸우다

악을 없애지 않은 채 선만 부추기는 태도는 위험하다. 내가 잘 아는 한 대학 교목이 이 점을 확실히 설명해 준다. 그가 아는 학생들 중에 부모님이 중독과 의존심 문제를 치유하기 위해 12단계 회복 프로그램에 참여한 일이 있었다고 한다. 참여했던 부모들은 중독 문제도 해결했고, 자신을 용납할 수 있게 되었다고 자녀들에게 말했다.

하지만 정작 그 학생들은 부모들처럼 신나지가 않았다. 부모님이 회복된 이후에도 집에 가고 싶은 마음이 별로 없기는 마찬가지였다. 술에 찌들어 살던 아버지가 온전한 정신에 쾌활해지기는 했지만, 그렇다고 그전보다 풍성한 결속을 느끼지는 못했다는 것이다. 어머니는 짜증을 덜 내고 거절할 줄도 아는 사람이 되었지만, 그 자녀는 여전히 어머니의 따스한 정을 느끼지 못한다.

왜 그럴까? 혹시 우리가 적군을 잘못 설정해 놓고 싸우는 것은 아닐까? 자기혐오나 무책임과 열심히 싸우면서, 더 교묘한 적은 그대로 두고 있는 것은 아닐까? 아버지는 가끔 술에 취하고 어머니는 여전히 남한테 너무 많은 시간을 쏟을지언정, 자녀와 더 많은 시간을 보내는 법을 배우는 것이 낫지 않을까?

그들이 절주나 자기주장보다 하나님을 발견하는 데 초점을 둔다면, 그런 이상한 축복도 받을 수 있다고 생각한다. 그럼으로써 자신을 **발견하는** 것보다 자신을 **주는** 것을 더 가치 있게 여기고, 이렇게 더 높은 가치를 추구하는 데 방해가 되는 것을 미워하게 될 것이다. 미워할 것을 미워할 때, 본인의 안녕보다 하나님의 선하심을 드러내기 위해 삶을 재정비할 것이다. 그렇게 부부가 하나님을 발견할 때, 아버지는 술을 덜 마시고 어머니는 시간 사용을 절도 있게 할 수 있을 것이다.

훈련된 순종을 통해서건 수치심에서의 해방을 통해서건, 자아 발견이 최우선 목표인 사람은 기껏해야 게으름이나 상처 입은 자아상 수준 이상으로 깊이 들어가지 못한다. 따라서 그들은 좀 더 잘 행동하고, 좀 더 자신을 사랑하려 한다. 병의 근원을 모른 채 병을 치료하려 한다.

하나님을 문제 해결에만 이용하는 태도는 정말로 잘못된 것을 직시하는 데 방해가 될 수 있는가? 우리가 하나님의 의도에서 점점 더 멀리 나가는 것은 아닐까? 가슴 아파해야 할 때 기뻐하고, 절망해야 할 때 소망을 느끼지는 않는가? 다 썩은 벽에 페인트칠을 새로 하면서 인생을 허비하는 것은 아닌

가? 우리는 선지자 에스겔 시대의 지도자들처럼 평강이 없으나 "평강"이 있
다 하고, 우리가 세운 얄팍한 벽에 회칠하고 있지는 않은가?(겔 13:10) 만일
그렇다면, 여호와께서 말씀하신다.

> 그러므로 나 주 여호와가 말하노라. 내가 분노하여 폭풍을 퍼붓고 내가
> 진노하여 폭우를 내리고 분노하여 큰 우박덩어리로 무너뜨리리라. 회칠
> 한 담을 내가 이렇게 허물어서 땅에 넘어뜨리고 그 기초를 드러낼 것이라.
> 담이 무너진즉 너희가 그 가운데에서 망하리니 나를 여호와인 줄 알리라
> (겔 13:13-14).

어떤 경우에도 하나님은 선하시다

무엇이든지 시작이 제일 중요하다. 입구를 놓치면 절대로 그 길을 갈 수 없
다. 하나님께로 가는 좁은 문, 많은 그리스도인들이 통과했다고 생각하지
만 통과하지 않은 그 문은, 어쩌면 우리가 쉽게 놓치는 매우 간단한 진리
속에 있는지도 모른다. 그 진리는 이것이다.

> 어떤 경우에도 하나님은 선하시다고 믿을 때, 당신은 하나님을 발견할 것
> 이다.

어떤 경우에도 변치 않는 하나님의 선하심에 대한 확신이 절대 흔들리지
않을 때, 우리는 하나님을 발견했음을 알게 될 것이다. 다음과 같은 일이
일어나도 말이다.

- 비행기 추락으로 사랑하는 사람이 죽었을 때
- 조직검사가 양성으로 나와서 모든 꿈이 산산조각 날 때
- 예기치 않은 실직으로 미래에 대한 두려움이 몰려올 때
- 배우자의 외도로 가슴이 찢어질 때
- 반항하는 자녀 때문에 엄청난 고통과 의심에 시달릴 때
- 직장에서 업무량이 너무 많아 건강을 해칠 정도로 일해야 할 때
- 그리스도 안의 새로운 정체성을 비웃기라도 하듯 자기혐오와 씨름할 때
- 학대당한 기억 때문에 하루 종일 괴롭고 악몽에 시달릴 때
- 실패 때문에 마지막 소망마저 사그라질 때
- 양자택일 앞에서 어느 쪽을 선택하든 상당한 손실을 감수해야 할 때
- 짙은 안개처럼 영혼을 뒤덮는 외로움을 느낄 때

이런 때에도 무던히 하나님의 선하심을 믿는다는 것은 쉽지 않다. 욥처럼 두려움과 절망에 빠져 부르짖게 된다. "내가 강간당할 때 하나님은 어디 계셨단 말입니까?" 어느 악한 남자에게 희생된 여성의 부르짖음이다. "하나님이 그 자리에 계셨다고요? 나도 그건 이미 알고 있어요. 그런데 왜 하나님은 아무 일도 하지 않으셨냐는 말이에요." "아들이 제 차 뒤에서 놀고 있을 줄은 꿈에도 몰랐어요. 그래서 후진하다가 아들을 치어 죽였죠." 젊은 아버지가 흐느끼며 하는 말이다. "하나님이 선하시다면 어떻게 이런 일이 있을 수 있습니까?"

인생을 탐구해 보니 하나님은 선하시다고 결론내릴 사람은 아무도 없다. 인생은 오히려 그 반증을 강력하게 시사한다. 하나님의 선하심을 믿는

믿음과 그 확신에서 자연스럽게 흘러나오는 예배는 성령께서 계시하시는 사역에 달려 있다. 성령께서 우리를 궁극적인 선의 임재로 안내하실 때, 눈에 보이지 않는 영광 한 줄기가 암울한 상황을 꿰뚫을 때, 믿음이 탄생한다.

그리고 하나님의 영이 믿음을 부어 주시면, 자기 생각은 우스울 만큼 사소해진다. 어떤 경우에도 우리는 선하신 하나님의 손안에 있음을 안다. 그리고 우리가 살아가는 방식이 그런 앎을 드러낸다. 우리는 편한 마음으로 이 땅에서 사는 목적—하나님을 예배하고 그분의 나라를 앞당기는 일—을 따라 살아간다.

모든 그리스도인은 그리스도를 구세주로, 하나님을 아버지로, 성령님을 내주하시는 위로자요 인도자로 영접한다. 그러므로 우리는 "내가 하나님을 발견했다"라고, 정확히 말하자면 "하나님이 나를 발견하셨다"라고 말할 충분한 권리가 있다.

하지만 이것보다 더 정확히 말한다면, 모든 그리스도인은 "나는 지금도 하나님을 발견해 가고 있다"라고 말해야 할 것이다. 사도 바울조차도 그리스도를 더 알기 원했다. 아직도 그리스도를 다 알지 못한다는 사실을 잘 알았기 때문이다(빌 3:12-14).

하나님을 찾다 보면 어려움과 낙심과 혼란도 겪는다. 하나님이 하시는 일을 분명히 알려 주시지 않는 때도 있다. 그런 하나님을 굳게 믿는 것은 쉽지 않다. 행복을 원하는 인간의 강렬한 욕구를 하나님이 충분히 이해하고 돌보신다는 것을 믿기 쉽지 않다. 우리는 본능적으로 반대 생각을 하기 때문이다.

이 본능적인 성향이야말로 우리가 근본적으로 잘못된 부분이다. 마음대로 생각하게 내버려 둔다면, 누구나 하나님을 나쁜 분 또는 존재하지 않는 분으로 결론내릴 것이다. 가장 중요한 일들에 관해 신뢰할 수 있을 만큼 선한 신은 우주에 없다고 생각할 것이다. 일용할 양식을 달라는 기도는 하겠지만, 사랑하는 사람한테 배신당하고 나면 더 이상 하나님을 신뢰하지 않을 것이다.

하나님이 자녀를 대하시는 모습을 보면, 특히 그분께 자신을 완전히 내던진 사람을 대우하시는 모습을 보면, 가슴이 서늘해진다. 하나님이 안 좋게 보이면 죄가 좋아 보인다. 내 손으로 직접 일을 처리해야겠다는 결심도 도덕적으로 옳아 보인다.

이런 의심은 한 사람만 빼놓고 모든 인류에게 바이러스처럼 전염되었다. 그 한 사람, 하나님 아버지를 절대적으로 신뢰했던 그분은, 의심을 믿음으로 대체해야 할 이유를 확실하게 주셨다. 예수 그리스도는 하나님 아버지를 알리셨고, 지금도 그 일을 기쁘게 계속하신다. 우리는 그리스도를 통해 하나님을 발견한다. 다른 길은 없다.

모든 문제가 하나님은 선하지 않다는(또는 충분히 선하지 않다는) 의심에 뿌리를 두고 있다면, 문제를 해결하는 유일한 방법은 그리스도를 더 잘 알고 그로써 하나님을 발견하는 것이다. 다음 원칙을 기억하라.

어떤 경우에도 하나님의 선하심을 믿을 때, 당신은 하나님을 발견하게 된다.

다시 말하면,

하나님을 발견한다는 것은, 이생에서 어떤 일을 겪더라도 하나님의 절대 선하심과 완전한 사랑을 믿고, 그리스도를 통해 그 믿음을 계속 키워 나가는 것이다.

하나님을 발견한다는 것은 가난과 실명, 비행기 추락을 겪으면서도 그분의 선하심을 믿고 안식하는 것이다. 하나님을 발견한다는 것은 좋은 일이든 나쁜 일이든 신뢰하는 마음으로 직면하는 것이다. 우리는 좋은 일은 기뻐하고 나쁜 일은 수습하는 수준을 넘어서는 숭고한 부르심을 받은 자들이다. 우리가 행하는 모든 관계와 활동 속에서, 우리가 겪는 모든 기쁨과 슬픔 속에서 하나님에 대한 확신을 드러내야 한다.

하나님이 자신을 드러내실 때

하나님의 자비만이 유일한 소망임을 깨닫고 거지 같은 마음으로 하나님께 나아갈 때, 지은 죄는 알지만 그래도 용서해 주실 아버지의 사랑을 신뢰한 탕자처럼 나아갈 때, 하나님은 우리를 가로막은 휘장을 찢으시고, 반가이 달려와 우리를 맞이하시며 금가락지와 좋은 옷과 성대한 잔치를 준비하신다. 우리와 친밀한 관계를 맺고 싶어 어쩔 줄 모르시는 하나님 때문에 우리는 놀라 어리둥절해진다. 그렇게 넘치는 자비 때문에, 하나님은 우리가 그분을 더 아는 데 도움이 된다면 무엇이든 마다하지 않으신다. 우리와 한마디 상의도 없이 주권적으로 우리 인생을 끈기 있게 잘 배정하셔서, 하나님이야말로 우리의 기쁨 외에는 아무것도 바라지 않으시는 영혼의 충족자시며, 사랑 많은 신랑이시며, 선하신 하나님임을 경험케 하신다.

말라기 시대에 이스라엘 중 한 무리가 겸손히 하나님께 나아와 용서를 구한 적이 있었다. 하나님은 이들을 눈여겨보셨다. 그리고 귀를 막지 않고 "분명히 들으셨다"(말 3:16). 그들이 대화중에 하나님을 높일 때 하나님은 관심을 기울이셨다. 분명히 들으셨다는 이 두 단어는 자신의 이름을 부르는 소리가 들릴 때, 걸음을 멈추고 누가 부르나 돌아보시는 하나님을 말해 준다. 하나님은 허리를 숙여 말하는 자의 입술에 귀를 가까이 대고 한마디도 놓치지 않고 듣는 분이시다.

하나님은 우리에게 발견되기를 원하신다. 자신을 알리기를 기뻐하신다. 우리가 하나님께 가까이 올 때 하나님은 기뻐 뛰신다. 하지만 **하나님의 방식대로** 하나님을 찾아야 한다. 그러려면 하나님의 선하심을 판단하는 우리의 본성에 획기적인 변화가 있어야 한다. 누구든 다리를 꼬고 앉아 하나님을 판단하는 행위는 못 참으신다. 우리는 재판관이 아니다. 오히려 심판받고 용서받고 초대받는 입장이다. "와서 여호와의 선하심을 맛보아 알지어다"라는 초대장을 받는 쪽이다.

나는 하나님의 선하심을 좀 더 맛보고 싶다. 하지만 하나님이 당연히 내 문제를 해결해 주셔야 한다고 생각하는 한, 그 맛을 보지 못할 것이다. 하나님을 내 갈망을 채우는 유용한 도구로만 생각한다면, 하나님은 내가 그분을 발견하지 못하게 하실 것이다.

그러므로 내 삶의 지대한 부분을 지탱하는 이 타락한 구조를 해체하는 일에 나는 하나님과 협력해야 한다. 위태로운 의심의 기반을 견고한 신뢰의 기반으로 대체해야 한다.

거룩한 기반

다른 기반에 근거해서 하나님께 나아가는 것이 어떤 모습일지 잠시 생각해 보자. 완전한 기쁨과 내어주려는 열정으로 하나님과 관계를 맺는다고 상상해 보자. "나는 하나님을 의심한다"라는 타락한 기반이 아니라, "나는 하나님을 믿는다"라는 거룩한 기반에 인생을 건축한다면 어떤 점이 다를지 생각해 보라. 그 방법에 대한 생각은 잠시 접어 두고, 그냥 당신이 얼마나 간절하게 그러기를 바라는지만 생각해 보라.

- 더 이상 의심하지 않고, 하나님의 선하심을 **믿는다**.
- 더 이상 **두려워하지** 않고, 하나님의 말씀으로 **담담해진다**. "내가 너를 떠나지 않겠다. 너는 죽음의 어두운 골짜기를 나와 함께 걸을 것이다. 그러니 담대하라. 세상에서 너희가 고난을 당하나 담대하라. 내가 세상을 이겼노라. 너의 인생 이야기는 행복한 결말을 맺을 것이다. 나를 신뢰하라."
- 분노보다는 하나님을 **예배**하고 싶은 마음이 생긴다. "하나님보다 귀한 것은 없습니다. 주님을 사랑하는 자들은 결단코 부끄러움을 당치 않을 것을 믿습니다."

하박국에 나오는 다음 말씀을 고백한다는 것이 어떤 의미일지 상상해 보라!(강조 문장은 이 말씀을 더욱 절실히 느끼도록 저자가 덧붙인 부분이다.)

　　비록 무화과나무가 무성치 못하며
　　내가 외로울지라도

포도나무에 열매가 없으며

세상에 기쁜 일이 전혀 없을지라도

감람나무에 소출이 없으며

아무도 내 상처를 위로해 주지 못할지라도

밭에 식물이 없으며

실직했거나 현재의 직장을 싫어할지라도

우리에 양이 없으며

추운 밤을 따스하게 덥혀 줄 사람이 없을지라도

외양간에 소가 없을지라도

안정감을 주는 확실한 기반이 없을지라도

나는 여호와를 인하여 즐거워하며

나의 구원의 하나님을 인하여 기뻐하리로다.

주 여호와는 나의 힘이시라.

나의 발을 사슴과 같게 하사

나로 나의 높은 곳에 다니게 하시리로다 (하 3:17-19).

우리 삶을 하나님이라는 실재 위에 세우고 싶은 갈망이 끓어오를 때, 의심에서 확신으로, 두려움에서 기쁨으로, 분노에서 예배로 변화가 일어난다.

하지만 아직 거기까지 이르지는 못했다. 완전히 도달한 사람은 아무도 없다.

우리는 의심과 두려움과 분노가 가득한 채 다른 사람에게 다가간다. 사랑하기 위해서가 아니라 우리가 원하는 것을 조금이라도 얻어 내려고 말이다. 고통에서 벗어나고 하나님께 복수하고 싶은 마음으로 처절하게 울부짖으며 관계 속으로 들어간다. "나는 네가 필요하다!"라는 부르짖음은 지당해 보인다. 이 부르짖음이 타락한 구조의 1층이다.

10장
1층_ 나는 네가 필요하다

하나님을 의심함으로써 삶에 대한 두려움("내일은 무슨 일이 터질까? 나는 괜찮을까?")과 하나님에 대한 분노("왜 하나님은 내가 바라는 대로 도와주시지 않을까?")가 생길 때, 우리는 다른 사람에게 다가간다. 사랑하기 위해서가 아니라 우리의 삶을 유쾌하게 해줄, 아니 최소한 견디게 해줄 뭔가를 얻기 위해서다. 뭔가를 하긴 해야겠는데 하나님은 믿을 수가 없다.

상대방에게 원하는 것을 공손한 태도나 친절 뒤에 숨기고 있을지는 모르지만, 진짜 관심사는 다음과 같은 것들이다.

- 나를 쉬게 해줘.
- 지금보다 더 강해져야 하는 상황으로 나를 밀어 넣지 마. 나에게 성장을 요구하지 마.
- 내가 실패하더라도 기분을 건드리지 말아 줘. 내가 네게 상처를 줄지라도

너는 나를 용납한다는 걸 보여줘.
- 내가 존중받을 가치가 있건 없건, 나를 존중해 줘.
- 내가 얼마나 인정받기 원하는지, 어떤 식으로 인정해 줘야 하는지 섬세하게 잘 알아서 해줘.
- 책임감 있게 살려고 애쓰는 나를 잘 받들어 줘. 그리고 내가 받은 상처로 얼마나 힘들게 사는지도 이해해 줘.

남이 은혜로 주는 것을 감사히 여기기는커녕 받을 권리라도 있는 것처럼 요구한다. 자기상처와 갈망에만 집착하다 보니, 그것이 세상에서 제일 중요하게 보인다. 고통에도 **불구하고** 아직 줄 수 있는 것들이 무엇일까 생각하기보다는, 고통에만 초점을 맞추어 그것을 최신 용어로 그럴듯하게 설명하고("내 역기능적인 행동은 수치심에 근거해 있고 상호의존적이지"), 전문가들이 말하는 최신의 통찰력으로 그 문제를 해결하려 한다. 마음문을 열고 약점까지 드러낸다는 미명하에 우리의 아픔과 고통이 마치 고상한 고뇌자의 상징이라도 되는 양 떠벌린다. 다른 사람에게 어떤 영향을 끼치는지는 전혀 고려하지 않은 채, 그저 핵심은 자신이다. 우리의 안녕이 1순위다. 우리는 말한다. "어쨌든 나는 고생했어. 그러니 이제는 보살핌을 받아야 해. **나는 네가 필요해!**"

내가 1순위다

자신을 1순위에 놓지 않는 사람은 아무도 없다. 내가 나에게 가장 놀라고 끔찍해 하는 점도, 내가 얼마나 조건반사적으로 나를 1순위에 놓는 사람인가 하는 점이다.

형의 장례식 때, 가족 대표로 인사말을 하게 되었다. 인사말을 준비하면서 나는 하나님께 기도했다. 이 힘든 상황에서 내 어눌한 언변을 사용하사, 사람들에게 인생에서 무슨 일이 일어나든 하나님의 선하심을 신뢰하도록 권하는 인사말을 하게 해달라고 말이다. 나는 주는 사람이 되기를 원했다.

인사말을 하던 중, 방금 내가 표현한 한 문장이 유난히 의미 있게 다가왔다. 그래서 노련한 대중 연사가 하듯이, 사람들이 그 표현을 충분히 음미할 수 있도록 잠시 말을 멈추었다. 그 짧은 3초가량의 휴지기 동안, 속에서 이런 말이 새어 나왔다. '흐음, 꽤 잘 하고 있는 걸. 잠시 말을 멈추고 쉰 건 정말 근사했어.' 그때 마치 뺨을 한 대 맞은 듯 정신이 퍼뜩 들었다. 그 순간 나는, 얼마나 의미 있는 일을 하느냐보다 얼마나 인사말을 잘하고 있느냐에 더 신경을 썼던 것이다.

그날 밤, 나는 침통하게 울었다. 형의 장례식에서조차 그 가련한 교만을 떨칠 수 없었다는 사실에 가슴이 아팠다. 우리 가족의 슬픔을 위로하려고 찾아온 조문객들 앞에서 그들의 박수갈채를 바랐다니. 이렇게 말한 것이나 마찬가지다. "나는 당신들이 필요합니다. 하나님이 주신 내 재능을 뿌듯해 할 수 있도록, 나를 인정해 주세요."

하나님의 은혜는 내가 현재 모습보다 나아지려고 애쓰기보다, 나를 포기하지 않으면서도 진정한 내 모습을 직시하게 해준다. 나에 대한 진실에 충격을 받을 때, 하나님의 은혜를 더 확실히 붙잡게 된다.

상호의존의 원인

누구든 내 허기진 배를 채우고 목마른 영혼을 해갈해 줄 음식과 물을 주어야 하지 않는가라고 느끼곤 한다. 그것을 아무도 주지 않으면 그 허전함을 스스로 메우는 것은 정당하다고 생각한다. 그 해결 방법의 도덕성은 그것이 얼마나 효과적이냐에 달려 있다. 내가 원하는 것을 얻으면 그 방법은 도덕적이다. 내가 원하는 것을 원하는 시간에 얻는 것, 그보다 더 훌륭한 가치가 있단 말인가?

하나님은 그분의 목적에 합하는 기도만 응답하시기 때문에, 나는 하나님을 조종할 수 없다. 그래서 하나님한테 등을 돌리고 다른 사람에게 가서, 숙련된 기술을 동원하여 내가 원하는 것을 얻고자 한다. 이리하여 소위 상호의존이라는 함정에 빠진다. 다른 사람을 조종해서 안전감을 확보하려 한다. 이것은 병리적인 정도가 아니라 사악하다. 상호의존을 치유하려면, 나의 필요를 점검하고 내가 그것을 만족시킬 수 없음을 인정하는 것으로는 어림도 없다. 하나님을 신뢰하지 않았기에 하나님만이 주실 수 있는 것을 상대에게 요구한 죄를 회개해야 한다.

고통을 의식적으로 느끼건 못 느끼건 간에, 남의 고통보다는 내 고통에 훨씬 더 민감하다. 하나님은 나의 공허함과 슬픔을 아시며, 나를 보살필 능력이 있는 분임을 온전히 신뢰하기 전에는, 상대의 고통보다 내 유익을 구하기에 급급할 것이다. 상대방을 걱정하느라 끙끙대는 일은 절대 없을 것이다. 내 걱정거리도 끝이 없으니까. 그래도 모르겠는가? '나는 네가 **필요해.** 너보다 내가 더 급해. 네가 내 마음에 들어와 내 고통을 느낄 수만 있다면, 이해가 될 거야'라는 마음이다.

갈림 길

다른 사람과 관계 맺는 방식을 잘 살펴보면, 다음 두 길 중 한 길을 걷고 있음을 알게 될 것이다. 즉 남이 내게 무엇을 해줄 수 있는지에 더 관심이 있거나, 아니면 내가 남한테 무엇을 해줄 수 있는지에 더 관심이 있거나 둘 중 하나다.

두 번째 길이 더 좋은 길이니까, 그 길을 선택해서 열심히 달려가면 되겠지라는 각오로는 불충분하다. 우리 속의 타락한 구조가 무너지기 전에는, 의지력만으로는 괜찮은 사람이 될 수 없다. 그렇게 하려다가는 좌절만 겪고, 또는 스스로 잘 해냈다고 여기는 사람은 자만심에 사로잡힐 뿐이다.

더 잘 해보려는 노력이 성공할 수 없다는 것은 대부분 공감하는 사실이다. 그러면서도 사람들은 위험한 대안을 선택한다. 먼저 자신을 사랑하면 나중에는 남도 사랑할 수 있다고 생각한다. 실제로 이 대안의 문제점은, 사랑받으려는 우리의 필요가 끝이 없다는 것이다. 일단 자신을 사랑하기 시작하면, 남을 사랑할 여력이 전혀 없다. 남에게 더 단호해질지는 모르지만, 진정으로 그들을 사랑하는 것은 아니다.

우리는 제대로 사랑하리라는 노력에도 기대지 말고, 그렇다고 필요한 사랑을 얻는 것을 최우선순위로 삼지도 말아야 한다. 다만 우리가 얼마나 큰 상처를 받았는지, 누군가 그 상처를 위로해 주기를 얼마나 간절히 바라는지, 그리고 하나님은 우리에게 유익한 방법으로 우리를 돌보신다는 것을 얼마나 못 믿는지, 그 현실을 직시해야 한다.

그런 다음, 하나님을 더욱 신뢰할 방법을 찾아낼 수 있다는 희망을 포기해야 한다. 그저 최선을 다해 순종하고 기도하고 말씀에 푹 잠겨야 한다. 그렇게 몇 달, 몇 년이 흐르다 보면, 하나님을 경험한다든지 다른 사람과의 관계에서 눈에 띄는 변화는 못 느낄지라도, 하나님을 더 깊이 신뢰하는 자신을 보게 될 것이다. 그때가 되어야 우리는 남에게 주는 것보다 요구하는 것이 훨씬 더 본능적이라는 사실을 알게 될 것이다.

남에게서 뭔가를 얻어 내려는 태도로 살 때(하나님의 선하심을 의심하는 사람은 누구나 이렇게 산다), 결과는 항상 똑같다. 어쩔 수 없는 실망감, 일시적 성취, 쓰라린 외로움 등이다. 하나님을 의심하고 돌아서서 사람들에게 다가가 "나는 네가 필요해"라고 울부짖으면, 우리의 울음은 끝이 없다.

거룩한 구조: 나는 너를 사랑한다

하지만 상황이 달라질 수도 있다. 우리 주님은 언젠가 제자들에게 이렇게 말씀하셨다. "새 계명을 너희에게 주노니 서로 사랑하라"(요 13:34). 이 명령은 그보다 훨씬 오래전에 이미 주셨다(레 19:18을 보라). 그렇다면 우리 주님이 이 명령을 하실 때는 무엇이 새로워진 것일까?

주님은 이 말씀을 하신 다음, 이어서 이렇게 말씀하셨다. "내가 너희를 사랑한 것같이 너희도 서로 사랑하라." 주님이 제자들과 함께 살면서 처음으로 보여주신 사랑의 방식은, 제자들이 서로 사랑하는 데 새로운 깊이를 더해 주었음이 분명하다.

예수 그리스도가 이 땅에 오셨을 때, 그분은 자기 것만 아니라 하나님 아버지 것들도 보여주셨다. 이제 우리는 하나님이 정말 어떤 분이신지 분명히 알게 되었다. 그때까지는, 서로 사랑하라는 명령은 명령에 불과했다. 하지만 이제는 그리스도와 함께 도래한 은혜 가운데 하나님의 선하심이 충만하게 드러남으로써, 그 명령이 사실은 잔치에 부르는 초대장임을 안다. 우리는 손님이요, 주님은 주인 되신 잔치 말이다. 주님은 음식을 마련하시고, 우리의 대화는 주님께 온전히 사로잡힌 마음을 구구절절 드러낸다. 주님의 명령에 순종하고 사람들을 사랑하면, 주님은 나에게 그분을 보여주신다(요 14:21, 23). 닫힌 커튼을 열어젖히고, 내가 조만간 누릴 잔치 장면을 잠시 보여주신다. 그 잔치를 잠깐 일별하고 나면, 내 타락한 구조가 붕괴하기를 바라게 된다. 오랫동안 원수처럼 지낸 사람과 화해하고 싶어질지도 모른다.

　이제는 의심과 그에 수반되는 두려움과 분노 대신에 하나님의 성품을 신뢰하고 편안히 쉬는 **확신**으로 바뀌어야 한다(사 30:15을 보라). 그럴 때 하나님이 이미 주신 것들을 남들에게 요구하지 않고 그들에게 조금씩 나아갈 수 있게 된다. 대통령보다도 확실한 보호를 받고 있기에, 그렇지 않았더라면 무서웠을 이 세상에서 마음껏 활개 치며 돌아다닌다. "나는 네가 필요해"라고 말하는 대신 "너에게 뭔가 좋은 걸 주고 싶다. 아무리 울적해도, 아무리 인생에 문제가 찾아와도, 나를 꾸준히 해방시켜 당당한 소망을 품게 해주는 능력, 그 능력 안에서 너도 편히 쉬길 바란다"라고 말하게 된다.

　하나님을 확신하고 그분의 채우심을 소망한다고 해서 세상살이가 늘 기쁘지만은 않다. 확신과 소망이 넘치는 사람들은, 계속되는 문제 속에서도 부당한 위로는 절대 구하지 않고, 오래 참고 견딘다.

주는 자의 능력

주님과 잘 훈련된 풍성한 관계를 누리던 젊은 독신 여성이 나에게 몇 달간 상담을 받더니, 다음과 같은 편지를 보내왔다. "작년 한 해 동안 저는 아무 변화가 없지 않았나 싶습니다. 남들과 관계를 맺을 때 얼마나 자기보호 본능이 강한지 잘 알기에, 그 점이 좀 달라지고 싶었습니다. 저는 쉽게 낙심하고, 그럴 때마다 하나님의 은혜도 아득히 멀게 느껴집니다. 그래도 마음에는 '그래, 난 줄 수 있어'라는 깊은 확신이 있음을 압니다. 여기는 하늘나라가 아니기에, 저에게는 주님이 절실히 필요합니다. 고통을 겪으면서도 사람들을 사랑하고 나를 내어주기 위해서 말입니다."

자신의 삶을 돌아볼 때 발견할 수 있는 유일한 변화는, 바로 내어주고 싶은 갈망이 더 커졌다는 것이다. 나는 기쁨에 못 이겨 그녀를 잡고 막 흔들면서 이렇게 소리치고 싶었다. "그래도 모르겠어요? 전에는 오로지 자기밖에 모르던 여자가 이제는 남에게 뭔가를 주고 싶다니, 이게 기적이 아니고 뭡니까? 이거야말로 하나님이 바라시는 변화인데, 그 변화가 자매님의 삶에 일어나고 있잖아요. 하나님이 역사하시는군요! 정말 기쁩니다."

하지만 외로움과 실망과 자기비하와 싸우면서 기뻐하기는 어렵다. 이 문제들이 다 없어질 때까지, 의미 있는 관계를 누리고 사람의 인정도 받아 기분이 좋아질 때까지는 축하를 보류하고 싶어진다.

그녀는 네 살짜리 조카의 방을 치워 주고, 그 조카와 공놀이를 한 이야기를 편지에 적었다. 절망과 외로움의 절정에서 그렇게 한 것이었다. 언니가 너무 지쳐 있어서 누군가의 도움이 절실히 필요한 상태였다.

후에 그 일을 돌이켜 보며 그녀는 이렇게 썼다. "지금 그 이야기를 쓰려니 그 일이 너무 하찮았던 것 같네요. 하지만 그 후로 저는 이런 경우를 수없이 많이 겪었습니다. 제 마음의 방향이 바뀌면서 저 사람에게 뭔가를 주고 싶다는 마음으로 다가가게 된 경우 말입니다."

이 여성은 "나는 네가 필요하다"에서 "너에게 내 것을 준다"로 나아간 경우다. 우리는 모두 이런 전환이 필요하다. 하지만 이런 전환을 거부할 경우, 불가피하게 "나는 네가 필요하다"에서 "나는 너를 미워한다"로 나아가게 된다.

11장
2층_ 나는 너를 미워한다

타락한 구조의 2층은 분명하다. 밥을 얻어 마땅하다고 생각하며 밥을 요구하는데 못 받을 경우, 기분이 상한다. 우리의 목표가 방해받을 때, 특히 그것이 생존에 꼭 필요하다고 생각할 때, 화가 치밀어 오른다.

상충하는 욕구들

올해 서른여덟인 브라이언은 화학자이며 꼼꼼한 성격이었다. 그는 훈련을 최고 덕목으로 여겼다. 인생을 체계적으로 잘 관리함으로써, 아버지와의 단절된 관계에서 오는 고통을 피하며 살았다. "무슨 일이든 제대로만 하면 성공한다!"가 인생의 좌우명이었다. 다른 사람과 깊은 관계를 맺는 것은 그의 사전에 없었다. 일을 철저히 해야 한다는 지고의 목표에 모두가 협력해야 마땅하다고 생각했다.

직장에서 퇴근한 어느 날, 그는 저녁식사를 한 뒤 다시 직장에 가 봐야 한다고 아내 로이스에게 말했다. 로이스는 그 시간을 6시 30분에서 7시 사이로 생각했다. 하지만 브라이언에게 "저녁식사 후"는 6시 30분 정각을 의미했다. 로이스는 차를 몰고 나가 볼일을 보고 7시 직전에 집에 돌아왔다. 브라이언은 화가 나서 눈을 부라리며 집 앞에서 기다리고 있다가, 아내 손에서 열쇠를 낚아채 차에 올라타더니 문을 쾅 닫았다. 로이스는 자기가 무엇을 잘못했는지 몰라 어리둥절했다. 브라이언의 정돈된 생활방식이 어떻게 작동하고 있는지 깨닫지 못했다.

브라이언은 남들과 거리를 두는 데서 오는 상처로부터 자신을 보호하려고 그렇게 꼼꼼한 생활을 했다. 자기 할 일만 제대로 하면, 누구도 자기를 비난하지 못하리라 생각했다. 몹시 갈망했으나 누리지 못했던 관계 때문에 괴로워할 필요도 없었다. 그런데 그날 저녁, 로이스가 무심결에 그의 목표를 방해했다. 그는 고통 없이 살 수 있는 또 한 번의 기회를 빼앗긴 격이었다. 그래서 아내를 미워했다.

다음과 같은 야고보의 말은 이런 상황에 정확히 들어맞는 말이다. "너희 중에 싸움이 어디로부터, 다툼이 어디로부터 나느냐? 너희 지체 중에서 싸우는 정욕으로부터 나는 것이 아니냐? 너희는 욕심을 내어도 얻지 못하여 살인하며 시기하여도 능히 취하지 못하므로 다투고 싸우는도다. 너희가 얻지 못함은 구하지 아니하기 때문이요"(약 4:1-2).

기분이 상했다는 표현으로는 의미가 약하다. 내가 원하는 것을 상대방이 줄 수 있는데 주지 않을 때는 기분 상하는 정도가 아니라 불같이 화가 난다! 예의라는 허울이 과격한 분노의 표현을 막아 줄지는 모르지만 없애 주지는 못한다. 내담자의 가슴에 쌓인 원한을 파헤치는 상담가들은 다들 뿌듯하게 한 건씩 올린다. 그런 분노는 누구에게나 있기 때문이다. 우리는 모두 분노의 포로들이다.

분노의 뿌리

하지만 분노를 다루면서 분노의 뿌리까지 건드리지 못하는 것은 중대한 실수다. 분노를 잘 조절하거나 분노한 이유를 이해하고 저변에 숨은 상처를 인정만 하면 극복할 수 있다고 생각한다. 대다수의 상담가들은 이렇게 말한다. "당신이 분노하는 건 배우자(또는 친구나 부모)가 줄 수 있는 것보다 더 깊은 친밀감을 갈망하기 때문입니다. 사실 그 분노 뒤에는 상처와 외로움이 숨어 있음을 인정하세요. 그리고 상대방한테 당신이 얼마나 상처 입었는지를 솔직하게 말씀하는 게 좋을 것 같네요."

분노가 응어리져 있다가 끓어올라 예리한 말과 싸늘한 태도로 표출될 때, 그 분노의 뿌리는 하나님에 대한 태도와 연결되어 있다. 분노는 늘 당장에 발생한 일보다 더 심각한 문제에 기인한다. 하나님을 의심하기보다 우리의 유익과 필요를 보살피는 분으로 신뢰한다면, 그리고 하나님이 그렇게 해주시는 이유가 우리가 잘나서가 아니라 하나님의 자비 때문임을 인정한다면, 남들이 우리를 잘못 대우하더라도 의분은 생기지만 파괴적인 분노는 일어나지 않는다.

하나님을 의심하다 보니 화난 상태로 남들에게 도움을 구하고, 도와주지 않는 그들을 미워하게 된다. 이건 잘못이다. 하나님을 보는 시각을 바꾸지 않는 한, 미움은 사라지지 않는다. 그것을 억누르거나 억지 친절로 감출 수는 있지만, 속은 여전히 추악한 미움으로 가득하다.

하나님을 신뢰할 수 없다며 사람에게 도움을 구하는 죄악된 본성은 결국 관계를 해치고 만다. 갈라디아서 5:19-21을 살펴보자. "육체의 일은 분명하니…… 주술과 원수 맺는 것과 분쟁과 시기와 분냄과 당 짓는 것과 분열함과 이단과."

타락한 성품 구조 위에 인생을 세우면, 분노 때문에 엄청난 문제들을 야기한다. 거식증, 성도착과 같은 대부분의 심리적 장애 저변에는 부글부글 끓어오르는 분노의 저수지가 있다. 이 분노는 남들에게 요구하는 마음에서 기인하며, 더 깊이 들어가면 그보다 악한 마음, 즉 하나님에 대한 의심(과 결국은 미움)이 자리 잡고 있다.

거룩한 구조: 나는 너를 용납한다

하나님을 신뢰하면 어떻게 될지 상상해 보자. 아무것도 요구하지 않는 태도로 남들에게 다가가고, 원하는 것을 얻으려 하기보다는 그들에게 하나님을 맛보여 주고 싶어한다면 어떨까?

당신에게 상처를 준 사람이 당신의 눈빛에서 분노나 아픔보다 오히려 따스한 정을 느낄 때, 어떤 영향력을 끼칠지 생각해 보라. 미워하지 않고 사랑하는 능력은, 그리스도의 능력을 드러내고 하나님 아버지의 선하심을 드러내는 거룩한 열망이다. "나는 너를 미워한다"에서 "나는 너를 보살핀다"는 태도의 전환은 깨진 가정을 회복하고, 슬픔이 가득한 곳에 기쁨을 가져온다.

캐리라는 여성은 심한 우울증에 시달리고 있었다. 한번은 상담을 하는 중에 남편 브렌트가 그녀의 무릎 위에 살짝 손을 올렸다. 순간 캐리의 몸이 경직되는 것이 보였다. 나는 그 점을 유심히 살피기로 했다.

브렌트는 아내가 좌절하는 기색만 보이면, 그녀를 부드럽게 다독거리는 습관이 있는 것 같았다. 아내의 고통을 깊이 살피거나 최선의 해결책을 함께 모색하려 하지 않았고, 상처 뒤에 숨은 사연을 제대로 들어주지도 않았다. 아내의 문제를 자기가 해결해 줄 수 없다는 사실이 두려웠던 것이다. 그런 남편에게 캐리는 화가 났다. 하지만 분노를 온화한 미소로 감추고 살았다.

나는 그 미소에 문제를 제기했다. 결국 캐리는 자신의 분노를 인정했고, 이제까지 받아 보지 못한—아버지나 하나님도 주지 못한—이해와 용납과 보호를 남편에게 받고 싶은 절실한 욕구가 있음을 인정했다. 자신의 실망감이, 사실은 하나님을 향한 것임을 깨달은 캐리는 마음이 무너져 내렸다. 깊이 회개하는 마음으로 하나님께 나아갔고, 성경을 정독하면서, 자기가 남편과 하나님을 얼마나 두려워하고 미워했는지를 고백했다.

캐리의 심령에 역사하신 하나님 덕택에, 이제는 남편에게서 받기보다는 남편에게 주려는 마음이 되었다. 캐리가 그렇게 변하자 브렌트도 아내에게 더 가까이 다가갔다.

이런 변화가 일어나려면, 타락한 구조의 기본 요소들을 붕괴해야 한다. '나는 하나님을 의심한다, 나는 네가 필요하다, 나는 너를 미워한다'라는 세 가지 요소를 그대로 가지고는 올바른 관계를 맺을 수가 없다. 갈등과 긴장과 거리감을 조성할 수밖에 없다. 그리고 일이 뜻대로 안 되면 실패를 인정하고 하나님을 신뢰하지 않은 잘못을 되짚어 보기보다, 남을 의지하던 길에서 **돌이켜** 자기 내면을 파헤치기 시작한다. 하나님을 신뢰하지 않고도 얼마든지 만족스런 인생을 살 수 있다는 기대감으로, 자신을 보는 눈을 바꾸기 시작한다. 이것이 타락한 구조의 3층이다.

12장
3층_나는 내가 싫다

자기 스스로 하나님께 나아가는 사람은 없다. 오히려 그 반대다. 이미 그리스도를 알고 추구하는 사람조차도 하나님을 절대적으로 신뢰하지 않으려 한다. 우리의 물질과 전략만으로도 인생을 제대로 살아갈 방법이 반드시 있다고 고집한다. 우리는 가능하면 하나님께 나아가지 않으려고 무슨 짓이든 한다.

하나님을 온전히 신뢰하라는 말은 마치 아기가 낯선 사람을 신뢰하기를 기대하는 것만큼 부자연스럽다. 이미 엄마와 밀착되어 있는 아기는 무섭고 두려운 낯가림을 극복해야 한다. 우리도 마찬가지다. 낯가림을 극복해야 한다는 압박감이 올 때 우리는 저항한다. 다정한 이웃이 두 팔을 벌려 아기를 안아 주려 하면, 아기는 큰소리로 울면서 엄마에게 더 매달린다. 우리도 우리를 안아 주려고 두 팔 벌리고 다가오시는 하나님을 밀어내면서, 내 일은 내가 알아서 하겠다고 주장한다. 우리의 갈망을 부정하고,

일시적인 쾌락에 탐닉한다. 또는 남의 인정이나 재물, 명예를 얻으려고 타고난 재능을 열심히 갈고닦는다. 그리고 분노를 발산하면서 스스로 강하다고 느낀다. 이런 일은 각자의 부패한 창의력에 따라 얼마든지 다양하게 표출된다.

방법은 다양하지만, 모든 방법에는 한 가지 공통점이 있다. 바로 **좌절감을 회피하기 위한 노력**이라는 점이다. 이 세상에서 맺는 관계가 나에게 필요한 것을 주지 못한다는 **좌절감**이다. 관계에서 실망하면 오히려 하나님께 나아가 겸손히 엎드려 그분의 긍휼과 위로를 구해야 마땅하다. 하지만 쉽게 그렇게 되지 않는다. 성령의 역사가 아니고서는 불가능하다.

자기를 미워하는 마음

관계가 힘들어지고 평소에 의지했던 사람이 나한테 꼭 해주어야 할 일을 못 해줄 때, 처음에는 그 사람을 미워하다가 결국은 자신을 미워하게 된다.

로라는 낮은 자존감 때문에 힘들어 했다. 그녀가 속한 치유 그룹에서는 그녀의 가치를 인정해 주고, 남들에게 단호하게 자기주장을 하라고 권한다. 그리스도 안에 있는 그녀의 정체성도 계속 일깨워 준다. 하지만 로라는 여전히 스스로에게 알 수 없는 혐오를 느낀다.

로라를 당연히 사랑하고 뒷받침해 주리라 기대한 부모는 그녀의 기대를 전혀 채워 주지 못했다. 어머니는 아버지를 몹시 미워했고, 그 미움을 자식들한테 터뜨렸다. 아버지는 로라를 귀엽다고 안아 줄 때 외에는 냉정하고 비열하게 행동했다. 로라는 부모를 미워했지만, 그 미움이 비참한 마음을 달래 주지는 못했다.

아이들은 누구나 자기가 살아가는 세상을 해석하려고 애쓴다. 나는 왜 이렇게 옳지 못한 대우를 받을까? 내가 어떻게 하면 상황이 나아질까? 그러다가 자기를 사랑해 주어야 할 사람들이 그렇게 하지 않는 것이 자기 잘못이 아니라 그들 잘못임을 확실히 알고 나면 완전히 희망을 잃어버린다. "부모가 나를 사랑하지 않는데, 누가 나를 사랑하겠어? 난 완전히 혼자야."

많은 사람이 그렇듯 로라도 그런 희망을 잃을까봐 두려워서, 부모 잘못을 자기 탓으로 돌렸다. 자기가 잘못했기 때문에 부모가 자기를 그렇게 대했다고 생각했다. "부모님이 나를 미워하신 것도 당연하지. 그렇게 말을 안 들었으니. 나는 단단히 틀려먹은 애야. 그렇지 않고서야 엄마 아빠가 나한테 이렇게 함부로 하실 리가 없어. 내가 뭐가 잘못되었는지 제대로 알아 고친다면, 부모님도 나를 사랑하실 거야."

이리하여 로라는 좀 더 반듯한 인생을 설계했다. 단점을 파악해서 열심히 고치기로 작정했다. 남들이 자기를 거부하는 것은 자기의 허물 때문이므로, 그것만 고치면 사랑받을 수 있다고 생각했다. 그런 믿음이 희망을 주었다. 하나님께 돌아가지 않고도 언젠가는 인생이 제대로 펼쳐질 날이 오리라는 희망이었다. 허기진 마음을 완전히 채워 줄 수 있는 사람은 아무도 없다는 사실을 인정하고 싶지 않아서, 자기혐오로 자신을 보호했다.

로라의 생각대로라면, 남들이 그녀를 충분히 사랑해 주지 않는 이유는 오롯이 그녀의 허물 때문이어야만 한다. 하나님을 신뢰하지 않고 세상에 실망하면서도 생존하기 위해서는, 초라한 자아상이 꼭 필요했다. 그러니 치유 그룹에서 아무리 그녀를 인정해 준들, 낮은 자존감의 역기능을 막지는 못했다.

아무도 날 보살피지 않아

상처 준 사람을 미워하는 것은 얼마든지 이해가 간다. 나를 **마땅히** 잘 대해 주었어야 하는데 그러지 않았으니 말이다. 그런데 왜 그렇게 안 할까? 도대체 무엇이 문제인가?

인생의 어느 시점이 되면, 나에게 필요한 것을 채워 줄 사람이 아무도 없다는 사실을 서서히 깨닫는다. 내 상처와 두려움을 완전히 이해하고 공감해 주는 사람이 없다. 마음을 푸근하게 해주고 사랑으로 보살펴 줄 사람이 아무도 없다. 그러다 퍼뜩 깨닫는다. 어쩌면 앞으로도 그런 사람은 없을지 모른다는 사실을. 그리하여 깊이 도사리고 있던 절망감이—독일인들은 "불안"(angst)이라고 한다—영혼의 가장 어두운 구석에서 새어 나와 냉정한 현실을 까발리며 속삭인다. "너는 혼자야. 공동체도, 사랑도, 의미도 기대하지 마."

그 절망 앞에서 한 영혼이 두려워 떠는 순간이야말로 하나님 안에서 소망을 붙잡을 수 있는 절호의 기회다. 하지만 스스로 그렇게 되는 사람은 한 사람도 없다. 우리는 철저히 자기 힘과 능력으로 인생을 꾸려 가기로 작정한 존재다. 자기를 신뢰하려는 충동은 가히 중독적이며, 이것이 모든 중독의 뿌리다.

하나님께 엎드리지 않고도 어둠에서 밝은 빛으로 나와 행복하게 살 수 있는 길을 찾아낸다. 사악한 지혜를 동원한다. 다시 한번 희망찬 결의를 다진다. "내가 원하는 방식대로 사람들이 나를 대하지 않는 이유가 그들만의 잘못이 아닐 수도 있어. 어쩌면 내 결점 때문인지도 모르지. 내 결점을 고치면 관계도 좋아지고 내 인생도 잘 풀릴 거야." 이렇게 새로운 희망에 부풀어서, 이제는 실망감과 잘못된 대우의 원인을 내 속에서 찾기 시작한다.

- 난 별로 여성스럽지 못해.
- 난 남의 말을 너무 잘 믿어.
- 내가 그렇게 화를 낸 건 잘못이었어.
- 좀 더 친절해야 해.
- 나는 너무 깊이 생각해서 탈이야. 내 생각을 말하면 사람들이 웃잖아. 그냥 가볍고 편하게 살아야겠어.
- 남의 호감을 사려고 너무 신경 쓰다 보니 오히려 우습게 보이는 것 같아. 호감 사려고 너무 애쓰지 말아야겠어.
- 내가 좀 비협조적인 편이지. 남들이 원하는 대로 맞춰 줘야겠어.

행위 구원

사탄이 얼마나 교묘한지 알겠는가? 우리의 문제가 하나님과 사람들과의 관계를 가로막는다는 것이다. 우리가 매력이 없다는 것이다! 사탄은 이 사실을 코앞에 들이밀면서 노련하게 우리를 잘못된 방향으로 끌고 간다. 우리를 매력 없게 만드는 이기심은 절대로 탓하지 않는다. 설혹 이기심을 탓한다 하더라도, 용서를 구할 정도라기보다는 교정하면 될 정도로 여기게 만든다.

이런 생각은 "행위 구원"에 근거한, 지옥에서 영감을 얻은 교묘한 계략일 뿐이다. '자, 네가 할 일이 여기 있다. 이것만 잘하면 영생을 얻을 것이다.' 그리하여 우리는 자기를 미워하는 법을 배우고, 잘못된 자아상을 극복하기 위해 피나게 노력한다. 나쁜 자아상은 교만한 인간에게 유익한 역할을 한다. 이것은 단지 남한테 당한 수치심을 되새기는 정도가 아니다. 나쁜 자아상은 관계에서 겪는 충격을 흡수해서 자신을 개선해야 한다는 에너지로 전환한다. 우리가 제대로 대우받지 못하는 이유는 내면에 있는 교정 가능한 문제 때문이라는 것이다. 따라서 열심히 노력하면 나은 대우를 받을 수 있다고 암시한다. 그렇게 희망을 불어넣는다.

나쁜 자아상 때문에 잘 해내야 한다는 엄청난 압박감을 받는다는 것은 많은 그리스도인들이 알고 있다. 하지만 그 뿌리를 자기혐오라고 생각하면 오산이다. 자신에 대한 미움을 극복하고 하나님의 무조건적인 사랑 안에서 안식한다면, 일정 기준에 맞추려는 압박감은 사라진다고 가르친다. 즐겁고 생산적이고 의미 있는 삶을 영위할 것이라고 가르친다.

이 논리에는 심각한 오류가 있다. 잘 해보려는 압박감 저변의 근본적인 문제는 자기혐오가 아니다. 오히려 인생에 실망하면서도 하나님께 나아가지 않고, 자기 죄를 인정하지 않으며, 하나님의 자비를 감사한 마음으로 받아들이지 않고, 그 실망감을 스스로 해결하려고 작정한 마음이 문제다. 우리는 자신을 관계 속에서 상처 입은 존재로 보지, 거룩한 하나님 앞에서 죄 있는 존재로 보지 않는다.

장기판의 고수

사탄은 하나님만 빼고 누구든 이겨먹을 수 있는 장기판의 고수다. 그는 우리 상처가 우리 자신의 결함 때문이라고 생각하기를 간절히 바란다. 우리는 쓸모 있는 나쁜 자아상을 구축한 다음, 그 자아상을 교정하는 작업에 착수한다.

　기독교 상담가들은 잘해야 한다는 압박감 속에서 일하는 것은 옳지 않다고 한다. 맞는 말이다. 복음은 상대방의 기준에 맞추어 관계를 맺어야 한다는 압박감에서 우리를 해방한다고 그들은 선포한다. 맞는 말이다. 하지만 사탄은 대항 수단으로 맞선다. 잘해야 한다는 압박감과 늘 연결되어 있는 자기혐오를 부추겨서 그것이 타락한 구조 내에서 차지하는 자리를 제대로 못 보게 한다. 자기혐오가 하나님에 대한 의심의 산물이며, 남에게 기대했다가 결국 미움으로 이어졌다고 생각하기보다는, 자기혐오 자체를 문제의 뿌리로 생각하게 만든다. 그리하여 자신을 나쁜 자아상으로 고통받는, 역기능 가정의 희생자로 규정한다.

　상담가들은 지나치게 그 나쁜 감정들을 파헤치고 계속 그런 감정을 느끼도록 부추긴다. 그 감정들이 생겨난 원인을 규명하고, 결국 예수님의 사랑만이 그런 감정을 극복할 수 있는 최선의 방법이라고 강조한다. 그러다 보니 십자가의 대속적 의미는 사라지고, 자신을 용납 못하는 이들을 다독이고 인정해 주는 편리한 도구가 된다. 고난당하신 구세주의 개념이, 우리가 얼마나 가치 있는 존재인지를 증명하는 영감어린 상징으로 전락한다. '예수님이 무가치한 자들을 위해 그 가시밭길을 가셨겠는가?' 이리하여 자기애가 핵심 사안이 된다. 하나님을 찾되, 하나님을 발견하기보다는 이용하려고 찾는다. 하나님은 마치 충직한 하인처럼 뒷전에 물러서 계신다. 그리고 죄는 기껏해야 두 번째 중요 사안이 된다. 장기의 고수인 사탄이 드디어 우리를 구석으로 몰아 놓고 소리친다. "장군 받아라!"

거룩한 구조: 나는 나를 판단한다

하지만 자신을 정직하게 판단한다면 어떻게 될지 한번 생각해 보자. 하나님께 마땅히 드려야 할 사랑과 신뢰를 드리지 못한 것, 하나님의 용서와 변화시키시는 능력을 확신하지 못한 것을 우리가 인정한다면 어떻게 될까?

자기혐오를 극복해야 할 고통스러운 짐으로만 보지 않고, 우리가 잘하면 인생이 제대로 돌아갈 것이라는 소망을 계속 붙잡기 위해 이용한 사악한 계략으로 본다면 어떨까? 그리고 그 계략으로 생긴 불필요한 압박감을 인정한 다음, 자신을 단지 용납이 필요한 자기혐오의 희생자로 보지 않고, 하나님을 의심함으로써 남의 도움을 기대했던 존재로 보면 어떨까? 우리가 얼마나 사악하고 고집스럽게 하나님의 계획을 범했는지를 안다면, 십자가의 의미를 새롭게 깨달을 것이다. 하나님이 그 아들을 통해 우리 죄를 대신 지시고 우리를 용서하신 십자가의 의미 말이다. 그리고 하나님이 매일의 삶에서 우리를 계속 용서하신다는 사실도 알게 될 것이다. 더 이상 용서할 것이 없는 그날이 올 때까지.

힘들었던 어린 시절을 되돌아보라. 끔찍한 학대가 있었을지도 모른다. 그 기억이 얼마나 고통스러웠고, 당신을 함부로 다룬 그들을 얼마나 미워했는지 솔직하게 인정해 보라. 자신을 지키려고 무진 애를 쓰지 않아도 된다. 온전하고 아름답고 선한 사람이 되기를 원하기는 하지만, 그 갈망도 하나님이 주실 것을 온전히 신뢰한다면 어떨까? 과거의 불행에 대해 더 이상 자신을 탓하지 않는 모습을 상상해 보라. 더 이상 잘못된 자아상을 키우지 않을 것이다. 대신 하나님을 향한 신뢰와 소망으로 용감히 고통을 직면할 것이다. 완전히 용서받았음을 알기에, 사랑하지 못한 잘못도 인정하게 될 것이다. "나는 내가 싫다"는 마음에서 "나는 나를 판단한다"는 마음으로 바뀌고, 용서와 소망이 주는 능력으로 계속 그 태도를 견지할 것이다. "너희가 돌이켜 조용히 있어야 구원을 얻을 것이요, 잠잠하고 신뢰하여야 힘을 얻을 것이거늘"(사 30:15).

성숙한 그리스도인은 자신을 판단하되, 자기혐오의 정서가 아니라 그리스도의 형상을 닮고 싶은 간절함으로 판단한다. 성장을 위한 자기점검을 할 때도, 악한 동기를 찾아내려고 자학하며 애쓸 필요가 없다. 자신을 변호하거나 가치를 증명하려고 애쓸 필요도 없다.

형의 장례식에서 인사말을 한 뒤에, 그 멋들어진 '연사의 쉼표' 속에 얼마나 나 중심적인 교만이 자리 잡고 있는지를 깨닫고 후회가 사무쳤다. 그런 잘못을 깨달을 때 자기혐오에 사로잡혀 분노의 감정으로 치달을 수도 있고, 자기판단에 의거해 회개하고 하나님을 의지할 수도 있다. 내가 나를 정죄하고 벌하면서 다시는 이기적인 생각을 하지 않겠다고 결심했다면, 더 나은 사람이 되어야 한다는 압박감이 내 안에 자리 잡았을 것이다. 하지만 나는 내 속의 추한 모습을 인정하면서 "오호라, 나는 곤고한 사람이로다"라고 탄식했다. 혼잣말로 "난 도저히 성화될 수 없는 사람인가 보다"라고 중얼거렸던 기억이 난다. 후에 아버지께 그런 말씀을 드렸더니 아버지는 "세월이 약"이라고 하셨다. 내 성품을 고쳐 보겠다는 교만한 부담감을 던져 버리라는 말씀이었다.

실패할 때 우리는 자기혐오나 자기판단으로 나아간다. 자신을 정죄하면 자기혐오의 함정에 빠지고, 더 잘해야 한다는 끔찍한 압박감에 시달린다.

성장해야 한다는 압박감 속에서 살든가, 은혜에 감사하고 기뻐하며 살든가 둘 중 하나다. 형의 장례식에서 나의 자아중심성을 깨달으면서, 그리스도께서 나를 용납하셨다는 기쁨과 그분을 더욱 닮고 싶다는 강한 열망이 솟구쳤다. 그 열망은 성령님께 의지하는 마음을 더욱 강하게 해주고, 더 나은 사람이 되어야 한다는 압박감은 약해지게 한다. 나는 더 나은 사람이 될 필요가 없다. 다만 그런 사람이 되기를 **바랄 뿐이다**.

자신을 판단하면서 은혜를 감사히 누리느냐, 자신을 미워하면서 더 나은 사람이 되려고 안간힘을 쓰느냐, 둘 중에 후자를 선택하는 편이 훨씬 더 본능적이다. 그리고 끔찍하게 몰아가는 압박감을 버텨 낼 방법, 즉 생명이 없는 이 세상에서 생명력을 느낄 방법을 모색하는 것이 타락한 구조의 다음 단계다.

13장
4층_ 나는 살아남아야 한다

성적 쾌락이나 맛있는 음식을 좋아하는 것이 잘못이 아니듯, 문제를 해결하려는 마음도 잘못은 아니다. 다만 욕구가 정당하다고 해서 그것을 궁극적인 목적으로 삼을 때, 즉 갈등 해소나 힘든 환경의 변화, 좀 더 번듯한 사람이 되는 것을 최우선순위로 삼을 때 문제가 생긴다. 욕망이 최종 목적이 될 때, 우리는 광란에 가까운 열망으로 그 목적을 좇게 되고, 결국 도덕성도 흐려지고 그 욕구 외에 다른 것을 추구할 에너지도 다 소진한다. 더 지고한 부르심을 망각하는 것이다.

더 지고한 부르심

한번은 강박관념에 시달리는 여성을 상담한 적이 있었다. 그녀는 거의 하루 종일 통제 불가능한 온갖 잡생각이 홍수처럼 밀려든다고 했다. 그중에는 성적인 상상이 가장 많았고, 나머지도 별로 좋지 않은 생각들이었다. 당연히 그녀는 잡생각을 쉬고 정상적인 사고를 하며 살기 원했다. 강박관념에 시달리는 문제를 해결하기 원했다.

3년 전 처음 그런 생각이 들기 시작할 무렵부터 갖은 수단과 방법을 다 써 보았다. 어떤 치료사는 귀신을 쫓아내야 한다고 했고, 다른 치료사는 약물 처방을 해주기도 했다. 어떤 상담가는 그녀가 어린 시절에 받은 충격으로 심성이 잘못 형성되었다고 했다. 다른 상담가는 마인드 컨트롤 요법을 쓰기도 했다.

내가 그런 문제에 시달렸다면, 나 역시 그녀처럼 온갖 수단을 다 찾아다녔을 것이다. 어금니가 욱신거리면 당연히 치과의사한테 달려가듯이 말이다. 내 말에 오해가 없기를 바란다. 적극적으로 문제를 극복하려는 자세는 **절대로 잘못이 아니다**. 강박 증세나 우울증을 다스리는 약물을 복용하는 것이 잘못은 아니다. 치과의사에게 부러진 이를 치료해 달라는 것이 잘못이 아니듯이 말이다.

그러나 문제 해결에 에너지를 다 쏟는 바람에 문제 속에서 하나님을 발견하라는 더 지고한 부르심을 놓친다면, 그건 **잘못**이다. 온 맘과 뜻과 힘과 정성을 다해 문제 해결에만 애쓸 뿐, 그 기나긴 시련을 통해 하나님의 선하심을 믿는 믿음을 키울 수 있음을 망각한다면 **잘못**이다. 하나님을 더 알 수 있는 기회를 앗아 가는 치유책에만 의존하는 것은 **잘못**이다.

나는 불면증으로 고생하고 있다. 가끔은 수면제를 먹어야만 잠이 든다. 물론 수면 장애 전문가의 도움을 거부하지는 않는다. 전문가의 지식에서 유익을 얻는 것이—그래서 단잠을 자는 것이—비기독교적이라고는 생각하지 않는다.

하지만 주저하는 면은 있다. 내가 주님과 가장 풍성하고 생산적인 시간을 갖는 때가 바로 세 시간 동안 잠 못 이루고 뒤척이는 새벽 2시쯤인 경우가 종종 있다. 이 불면증을 어떻게 해야 할지 확신은 없지만, 잠자고 싶은 욕구보다 그리스도를 찾는 마음이 더 강해야 한다는 것만큼은 확실히 안다.

내 인생은 나의 것

문제 해결에만 전심전력하는 태도가 잘못인 이유는 또 있다. 그것은 내 힘으로 문제를 해결할 수 있다는 자신감의 표현이기 때문이다. 우리는 스스로를 책임질 능력이 있다고 생각한다. 그래서 하나님은 우리를 그분께 이끌기 전에 먼저 우리를 겸손하게 하시는지도 모른다.

이를 악물고 불끈 쥔 두 주먹을 하나님께 휘두르면서 흘러간 유행가 가사를 소리쳐 외친다. "내 인생은 나의 것, 그냥 나에게 맡겨 주세요"라고. 이렇게 우리의 혈관을 타고 흐르는 에너지에 힘입어, 생존의 결의를 다지며 세파 속으로 뛰어든다.

이 친숙한 태도는 부유한 무신론자나 성공한 운동선수한테만 있는 것이 아니다. 오만한 시인처럼 근사한 말로 표현을 못 해서 그렇지, 우리도 이와 비슷한 오만으로 얼룩져 있다. 어려움이 닥치면 주효한 행동 계획을 모색하기 바쁘다.

나는 청취자들이 전화로 참여하는 라디오 프로그램에 초대 손님으로 출연한 적이 있다. 청취자들의 전화 내용은 대체로 두 가지 유형이다. 먼저 어려운 상황을 설명하고("남편이 가정에서 영적 리더십을 전혀 발휘하지 못해요" 또는 "실직을 당했어요"), 그 다음에 질문을 한다. "어떻게 해야 하죠?"

상황 개선을 위해 자기가 할 수 있는 일이 반드시 있다고 전제하는 것이다. 내가 이렇게 대답한다고 하자. "인생의 잘못된 부분을 고치려 하지 말고 먼저 주님을 아는 일에 온 맘을 쏟아야 합니다. 그 전에는 무슨 행동을 해도 의미가 없습니다." 그러면 대부분은 화를 내면서 자기도 주님을 **정말 사랑한다고** 말할 것이다. 그 부분은 문제가 아니라는 것이다. 그들은 그 상황에서 최선책이 무엇인지만 알고 싶어한다.

내가 사안을 좀 더 파고들어 가서 그들의 상황이 어떻게 되기를 원하느냐고 묻는다면, 그들은 아마 나쁜 일이 좋은 일로 바뀌기를 바란다고 대답할 것이다. '남편이 더욱 헌신된 그리스도인이 되기를, 좋은 직장을 다시 얻기를' 말이다. 설사 상황은 나아지지 않을지라도, 지속되는 어려움 속에서 평강과 기쁨을 누리기 원할 것이다. 나도 마찬가지다. 우리는 하나님을 더 알려 하지 않는다. 하나님을 아는 것이 우리 질문의 핵심이 아니다. 하나님을 이용해서 우리가 바라는 것을 얻기 원한다.

물론 하나님을 알면 지금 당장에도 많은 축복을 경험할 수 있다. 예상치 못한 평강과 기쁨을 누릴 수도 있다. 하나님을 아는 자들은 장차 범죄 없는 도성, 잡초 없는 동산에서 상상 초월의 복락을 누릴 것이다. 그때가 오면 온전한 평강과 영원한 기쁨을 누릴 것이다. 하지만 지금은 축복이 오면 누리고, 축복이 사라지면 무던히 견디는 수밖에 없다. 좋은 감정이 느껴지지 않을 때에도 한결같은 마음으로 살겠다는 용기가 있어야 한다. 하나님의 임재가 전혀 와 닿지 않을 때에도, 그분의 선하심을 고백하며 신실해야 한다. 그러다 보면 때로는 진흙탕 속을 걷는 느낌도 들 것이다. 하지만 그래도 계속 하나님을 찾아야 한다.

하나님보다 하나님이 주시는 만족만을 추구할 때, 우리는 그 둘을 다 놓친다. 가장 풍성한 기쁨은 사랑하는 하나님과의 친밀함을 갈망하는 사람, 하나님과의 친숙함을 통해 온전한 기쁨을 누리는 사람을 위해 고이 간직되어 있다. 때로는 요리사를 사귀는 것이 그가 만든 요리를 먹는 것보다 더 큰 즐거움을 주듯이 말이다.

하지만 그렇게 생각하기가 쉽지 않다. 하나님을 더 알아야 한다는 말이 너무 종교적으로 들릴지도 모른다. 특히 한 가지 축복만 더 받으면 인생이 훨씬 더 즐거울 것 같은 상황에서는 더욱더 그렇다. 하나님이 우리에게 다음과 같은 것들을 주신다면 얼마나 행복할지 상상해 보자.

- 조직검사가 음성 반응으로 나왔다.
- 단잠을 잤다.
- 남편이 술을 끊었다.
- 하루 종일 기분이 좋았다.
- 불안감이 줄었다.
- 마음의 평정을 누린다.
- 서먹했던 자녀와 관계가 좋아졌다.
- 사랑하는 사람이 구원을 받았다.
- 자살 충동이 사라지고 희망을 느낀다.
- 원치 않는 도착적인 생각이 줄었다.

하나님을 신뢰하라는 조언이 너무 무력하게 들릴지 모른다. 어떤 상담가가 이렇게 말한다. "하나님 앞에서 잠잠하십시오. 옳은 일을 하십시오. 남편한테 바가지 긁지 말고, 돈 걱정을 술로 달래지 마십시오. 해결책을 찾아 안달복달하지 마십시오. 고요하고 편한 마음으로 옳은 일을 하십시오." 이 말에 당신은 어떻게 대답하겠는가?

상처 입은 사람들은 실제적인 도움을 원한다. 그들은 상황을 바꾸거나 기분을 북돋워 줄 명쾌한 행동 지침을 바란다. 하지만 주목해야 할 점이 있다. 이런 태도에는 상황을 개선하려면 반드시 어떤 조치를 취해야 한다는 전제가 깔려 있다. 더 깊이 들어가면, 내가 그 일을 할 수 있다는 좀 더 미묘한 전제가 깔려 있다. 내 힘으로 얼마든지 만족스럽고 뿌듯한 인생을 만들 수 있다고 생각한다.

하지만 우리는 할 수 없다. 우리의 재능과 부와 기회에 의지해서 인생을 잠시 안락하고 즐겁게 살 수는 있으리라. 하지만 영혼에 자양분을 주는 풍성한 양식은 오직 하나님만이 주신다. 그리스도인은 하나님께 순종할 자원만 있을 뿐, 자신에게 생명을 줄 수는 없다. 그 일은 오직 하나님만이 하신다. 그러므로 우리는 하나님께 온전히 순종하면서 그분이 주실 만족을 신뢰해야 한다. 좀 구식 개념이지만, 마땅히 지킬 가치가 있다. 왜냐하면 사도 바울의 "육체의 가시"처럼 끝까지 없어지지 않는 문제도 있기 때문이다. 모든 문제가 다 사라지지는 않는다.

교만한 자에게 복이 있나니

문제를 해결할 자원이 내 손에 있다는 생각은 불명예스런 오랜 역사를 갖고 있다. 구약성경의 역사에서 마지막 부분을 보면, 유대인들은 번영강국을 건설할 수 없다는 사실이 명백해지자 겸손해지기는커녕 이렇게 떠벌렸다. "하나님을 섬기는 것이 헛되니 만군의 여호와 앞에서 그 명령을 지키며 슬프게 행하는 것이 무엇이 유익하리요"(말 3:14). 이것이 바로 타락한 구조의 기반이다. 하나님의 선하심을 의심하고 하나님을 원망한다.

그다음 말을 들어 보자. "지금 우리는 교만한 자가 복되다 하며"(말 3:15). 어리석기 짝이 없는 말이다. 이 말을 다시 표현하면 이렇다. "하나님 방식대로 살아 봤자 아무 유익이 없다. 우리가 무슨 일을 하건 하나님은 우리가 원하는 걸 해줘야겠다는 의무감을 전혀 안 느끼신다. 그러니 우리 자신과 남들을 어떻게 대해야 할지 불확실하고 화만 나지만, 어쨌든 이 미쳐 돌아가는 세상을 살아가려면 우리 힘을 의지하는 게 백번 낫다. 행복은 우리가 어떻게 삶을 꾸려 가느냐에 달려 있다. 교만한 자에게 복이 있나니……자신을 의지하는 자들은 행복할진저. 우리가 어떻게 행해야 할지 하나님이 굳이 조언을 하시겠다면 고려는 해보겠다. 하지만 조건이 있지. 상황을 우리 뜻대로 바꿔 주겠다고 약속하셔야 해."

하나님은 그런 태도를 준엄하게 다루셨다. 그들의 험악한 말을 꾸짖으시며, 태도를 바꾸지 않으면 무서운 심판을 내리겠다고 경고하셨다. 이들처럼 교만했던 훨씬 이전 세대에게도 이렇게 말씀하신 적이 있다. "나를 멸시하는 사람은 한 사람도 그것[약속의 땅]을 보지 못하리라"(민 14:23). 이게 무슨 뜻일까?

신뢰가 안 가는 사람은 결국 멸시하게 된다. 자동차 판매원이 자동차의 하한가를 말해 주면, 고객은 대부분 무슨 말인지 알겠다는 듯 빙그레 웃는다. 그리고 차를 몇 번 둘러보고는 그보다 훨씬 낮은 가격을 부른다. 어찌 보면 이런 흥정은 고객이 판매원을 무시한다는 뜻이다. 그의 말을 믿지 않기 때문에, 그가 자기의 이익 추구를 방해하고 있다고 생각한다. 자기의 자원을 의지해서 원하는 것을 얻으려는 태도는 상대방을 무시하는 처사이며, 그런 태도로는 절대로 하나님을 발견할 수 없다.

마티와 그랜트 부부 이야기

최근에 나는 결혼 10주년을 갓 넘긴 부부를 상담한 적이 있다. 부인 마티는 똑똑하고 생각이 분명해서 어떤 사안이든 금방 핵심을 파악하는 여성이었다. 남편 그랜트는 보험 외판원으로, 달변에다 수치에 밝았지만 아내의 지력은 못 따라갔다.

마티는 자기의 빠른 두뇌가 남편에게 위협이라는 사실을 일찌감치 알아챘다. 그래서 명석한 생각은 혼자만 간직하기로 했다. 그것은 현명한 판단이기도 했고, 현명하지 못한 판단이기도 했다. 그랜트는 그저 따스한 동반자 역할을 했고, 그날그날의 일을 마티와 이야기하곤 했다.

결혼 7년차쯤 되었을 무렵, 마티는 왠지 불안하고 우울해지기 시작했다. 왜 그렇게 감정의 기복이 심한지를 열심히 탐색하던 중 어릴 때 성추행 당한 일이 기억났다. 그래서 남편에게 함께 상담을 받으러 가자고 했다.

나는 그랜트가 마티의 심각한 고통을 잘 해결해 볼 요량으로 자기의 다감한 성격에 의존하고 있음을 금방 알 수 있었다. 마티가 때로는 울면서, 때로는 분이 나서 그랜트를 바라보면, 그는 미소를 띠며 이렇게 말했다. "여보, 당신 정말 이 문제에 깊이 빠져 있군 그래. 나도 알아. 당신이 힘들어 한다는 거. 그래도 내가 당신을 무척 사랑한다는 걸 기억해 줘요."

한번은 지나치게 온화한 그랜트의 말에 마티가 움찔했다. 나는 그랜트에게 물었다. 혹시 아내의 격한 감정에 마음이 불편한 것 아니냐고 말이다. 그러자 그랜트의 눈에 잠시 분노의 빛이 서리더니, 예의 그 친숙한 미소를 띠며 이렇게 말했다. "아니요. 그렇진 않은 것 같은데요. 아내가 힘들더라도 제 사랑을 느껴 주었으면 하고 간절히 바랄 뿐이에요."

"하지만 아내가 속상해 하거나 화를 내서 마음이 불편하지 않느냐고 제가 여쭈었을 때, 잠시 저한테 화가 나셨던 것 같은데요?"

"물론 마음은 좀 불편했죠. 하지만 집사람이 상처받는 건 원치 않아요. 전 선생님께 화난 적 없습니다. 정말이에요."

내가 말했다. "제 생각에는 **화가 나신 것** 같은데요. 왜냐하면 선생님께는 통했던 나름대로의 방식이 부인께는 통하지 않기 때문이죠. 부인의 문제를 해결하려면 선생님의 따스한 말 이상이 필요한데, 그게 선생님한테 과연 있는지 의심스러우신 거죠."

나는 계속해서 말했다. "선생님은 오랫동안 부인을 두려워하며 살았습니다. 부인의 지적 능력과 속 깊은 성격 탓도 있습니다. 부인의 경우는 성추행으로 받은 상처보다도 선생님께서 남자답게 부인의 삶에 깊이 동참해 주지 않아서 받은 상처가 더 큰 것 같아요."

그는 자세를 고쳐 앉더니 몇 초 정도 나를 빤히 쳐다보다 고개를 떨군 채 아무 말도 못했다.

"제가 추측건대, 지금 선생님은 좌절스럽기도 하고 화가 나기도 할 겁니다. 선생님이 부인을 포함해서 남을 상대할 때 써먹은 가장 중요한 자원이 별 효과가 없기 때문이지요. 선생님도 그걸 압니다. 그리고 부인께 좀 더 의미 있게 다가가는 데 필요한 자원이 과연 선생님한테 있는지도 불확실하고요."

그가 고개를 들자 나와 눈이 마주쳤다. 쏘아보는 눈빛이 차가웠다. 그가 말했다. "전 집사람을 사랑합니다. 제대로 잘 사랑하고 있습니다. 앞으로도 늘 그럴 겁니다."

두려움에 근거한 분노에 휩싸인 채 그랜트는 타락한 구조의 4층에 뻣뻣이 서 있었다. "나는 살아남을 거야. 살아남기 위해 내가 가진 자원은 무엇이든 이용할 거야"라고 외치면서.

교만한 자에게 복이 있나니.

400년 동안의 침묵

말라기 시대에 하나님께 험한 말을 한 유대인들을 꾸짖으신 하나님은 400년 동안 침묵하셨다. 그렇게 오랜 침묵이 흐르면, 다음에는 무슨 말이 터져 나오든 사람들이 이목을 집중하게 마련이다. 400년 후에 하나님이 인간의 몸으로 오셔서 많은 무리에게 발하신 첫 번째 공식 발언은 바로 "심령이 가난한 자는 복이 있나니"라는 말씀이었다(마 5:3). 400년 전에 하나님이 유대인들에게 마지막으로 하신 말씀은 꾸지람이었다. 그들이 교만한 자에게 복이 있다고 믿고, 자기 힘으로 인생을 꾸려 갈 수 있다고 믿었기 때문이다. 하지만 이 세상에 생명을 주러 오신 하나님이 사역을 시작하면서 가장 먼저 가르치신 것은, 자기에게는 인생을 꾸려 갈 힘이 없음을 깨닫는 자들에게 복이 있다는 말씀이었다.

타락한 구조는 이렇게 말한다. "난 해낼 능력이 있어. 내 좋은 입담으로, 민첩한 두뇌로, 무난한 성격으로 해낼 거야. 어쩌면 나를 보호하는 장치로 우울증에 빠지거나, 기억을 차단하거나, 분노를 감춘 무관심을 이용할 수도 있지. 또는 돈을 잘 버는 것일 수도 있고. 난 정력적이고 창의적이니까, 인생을 잘 꾸려 갈 방법을 어떻게든 찾아낼 거야. 그럼 다 잘되겠지. 난 살아남을 거야!"

교만한 자에게 복이 있나니.

거룩한 구조: 나는 순종할 것이다

거룩한 구조는 이와는 전혀 다른 태도를 취한다. "내 힘으로는 도저히 인생을 제대로 살 수가 없다. 남들과, 특히 문제 있는 아내와 잘 지내려면 내가 가진 것 이상이 필요해. 나의 자원도 하나님이 없으면 무용지물이야. 인생을 돈으로 살 수 있다면, 나는 무일푼이다."

"하지만 나는 하나님의 선하심을 믿어. 어떤 상황이 닥치든 그걸 헤쳐 나가는 데 필요한 모든 것을 공급해 주실 거야. 그래서 나도 생명을 맛보고, 남들도 하나님의 선하심을 보게 될 거야. 문제는 여전히 있겠지만, 어떤 문제가 생기든 그걸 통해서 나는 하나님을 더 많이 알게 되고 남에게 하나님을 드러낼 수 있지. 나의 가난함을 알 때 오히려 자유로워져 하나님을 바라보게 될 거야."

"심령이 가난한 자는 복이 있나니…… 나는 순종할 것이다."

이 장을 쓰면서 나도 힘든 문제로 씨름하고 있다. 하나님이 맡기신 사역에서 발생한 여러 어려움을 제대로 해결 못하고 있는 상태다. 때로는 의욕 상실과 걱정 근심으로 잠도 못 자고, 소명감도 희미해지는 것 같다.

이런 어려움에 봉착하면 나는 자연스럽게, 하나님이 주신 능력들을 되새기면서 청지기 정신으로 부단히 전진하겠다고 굳게 결심하는 경향이 있다. 그러다 감정이 격해지면, 불 시험을 견디지 못하는 나약한 성격을 자책한다.

하지만 내 타락한 구조를 깊이 살펴볼 때, 내가 하루를 잘 살려고 얼마나 고집스럽게 내 재능에 의존하는지를 깨닫는다. 나는 명석한 사고력을 지녔다는 말을 늘 들었다. 그래서 추상적 개념의 세계를 자유자재로 구사하는 내 능력이 나의 우상이 되었나 보다.

몇 년 전 콘크리트 바닥에 머리를 부딪히며 넘어져 뇌진탕을 일으킨 적이 있다. 응급실에서 30분가량 정신 착란에 빠지자 나는 "다시는 제대로 사고할 수 없을 거야!"라고 수없이 소리쳤다. 내가 섬기던 우상의 죽음을 애도한 것일까.

최근 사역을 하다가 여러 어려움에 봉착하면서, 내가 가진 자원만으로는 좋은 결과를 못 얻을 수도 있음을 마지못해 인정하게 되었다. 그러자 마음이 홀가분해지고 내 재능을 하나님 보시기에 좋은 대로 사용하시도록 내려놓게 되었다. 내 사고력은 여전히 작동하고 있고, 더 잘 작동하기를 바라는 마음도 있다. 하지만 내 삶으로 하나님의 목적을 이루는 것 외에는 아무것도 바라지 않기로 했다. 그러자 압박감도 점점 사라진다.

타락한 구조가 흔들리고 있다. 얼마나 감사한지! 이제는 내 힘으로 살아남으려고 애쓰는 일이 줄어들었다.

그렇게 자기 힘으로 살아남는 법을 모색하는 단계가 바로 타락한 구조의 5층이다.

14장
5층_ 내가 살아남는 법

살아남기로 작정하면 방법을 모색하게 된다. 인간의 가장 큰 특징은 관계를 맺으며 살아간다는 것이다. 따라서 너무도 자연스럽게, 타락한 사람들이 가장 중점적으로 하는 일은 남들과 어떤 식으로 관계를 맺을지 전략을 짜는 일이다. 상대에게 얻을 수 있는 자양분은 얻어 내고 상대가 나를 무너뜨릴 수 있는 힘으로부터 나를 안전하게 지키려 한다.

아마도 우리의 사람 됨됨이가 어떠하며 인생을 어떻게 보는지를 여실히 드러내는 것이 바로 관계 맺는 방식일 것이다. 대부분의 사람들은 꽤 일관성 있는 방식으로—약점은 감추고 강점은 과시하는 방식으로—남들과 어울린다. 그 방식을 나는 '관계 맺는 유형'이라고 부르겠다.

관계 맺는 유형에는 크게 두 가지가 있다. 누구든 상대방과 충분한 시간을 보내다 보면, 그 사람이 어느 유형에 해당하는지 대략 감이 잡힌다. 먼저, 상대방을 깊이 배려하는 소수의 사람들이 있다. 그들은 상대방의 말에 깊은 관심을 보인다. 자기가 가진 모든 자원, 즉 지혜, 유머, 실제적인 기술 등을 남에게 나누어 준다. 그들은 주기를 좋아한다. 그런 에너지가 상대방에게 전이된다.

그런가 하면 대다수의 사람들은 완전히 경우가 다르다. 그들의 유쾌한 상냥함, 현실적인 유능함, 영적으로 진지한 자세 등이 결국 상대방보다는 자신을 위한 것임이 느껴진다. 결국 사람들은 그런 사람을 떠나고 만다. 지치고 짜증나고 중요한 일을 함께하려는 의욕이 없어지기 때문이다.

칭찬은 고래도 춤추게 한다?

남편이 이혼소송을 걸자 전문 상담이 필요해서 나를 찾아온 여성이 있었다. 그녀의 이름은 다나였다. 첫 상담에서 말하기를, 나와 상담 예약을 할 수 있게 되어 영광으로 생각한다고 했다. 그녀가 상담 시간마다 내게 줄줄이 쏟아 부은 칭찬만 생각하면, 그녀와의 상담 시간이야말로 가장 훌륭한 상담시간으로 착각할 지경이었다.

그래서 상담중에 넌지시 물었다. 그렇게 칭찬하는 이유가 정말 나를 격려하기 위한 것이 아니라 내게 잘 보이려는 의도가 아니냐고 말이다. 그녀는 마치 나쁜 짓을 하다 들킨 아이가 요령 있게 응수하듯, 살짝 웃으며 "정말 예리하시네요"라고 말했다.

요즘도 그녀는 가끔 카드를 보내오는데, 카드에는 내가 해준 작은 일을 크게 부풀려 감사하는 문구가 항상 적혀 있다.

그중에 어떤 문구는 진심에서 우러나온 따스한 인사여서 나도 감사하게 받아들인다. 하지만 나머지는 그렇지가 않다. 그 차이는 문구들 저변에 깔린 구조에서 나온다.

사람들이 관계 맺는 유형과 나누는 대화에는 항상 우리의 타락성이나 구속성(redemption) 둘 중 하나가 드러나기 마련이다. (물론 이 두 속성이 뒤섞여 있는 경우가 대부분이긴 하다. 완전히 타락의 기반 위에서만 움직이는 그리스도인은 없다. 소돔 성에 살던 롯도 그랬다. 애통하는 그의 마음으로 보아 하나님이 내면에서 역사하고 계셨음을 알 수 있다. 그렇다고 순수하게 거룩한 에너지로만 살아가는 그리스도인도 없다. 그것은 우리가 그리스도를 얼굴과 얼굴을 맞대고 볼 때, 그리고 그분의 선하심에 완전히 사로잡힐 때에만 가능하다.)

수줍음 많고 얌전한 크리스틴

내가 이끄는 상담 프로그램 중에, 매 학기 학생 열 명을 모아 일주일에 한 번, 두 시간씩 모임을 갖는 프로그램이 있다. 그 모임은 각자가 관계 맺는 스타일을 생각해 보는 시간이다. 상담가의 관계 맺는 방식이 타락한 구조에 기초해 있을 경우는, 도움을 주고 싶어도 제대로 줄 수가 없다.

한번은 그 모임에 크리스틴이라는 상담가가 참석했다. 큰 키에 매력적인 금발의 소유자인 그녀는 말수가 아주 적었다. 모임이 열 번째로 접어들자 참석자 중 한 사람인 에바가 크리스틴에게 왜 대화에 적극적으로 참여하지 않느냐고 물었다. 갈색 머리 에바는 날카로운 성격이었다.

크리스틴이 멋쩍은 미소를 지으며 대답했다. "뭐, 그냥 할 말이 별로 없어서요. 여러분들이 하시는 대화를 듣는 게 더 좋아요. 하지만 뭐든지 물어보시면 대답할게요."

나는 얼른 에바 쪽으로 고개를 돌리면서, 크리스틴의 대답을 들으니 기분이 어떠냐고 물었다.

"실망이에요. 거리감을 느낀다고 할까요? 크리스틴이 정말로 저와 대화를 하고 싶어한다는 생각이 안 들어요. 아무도 가까이 오지 못하도록 거리를 두는 느낌이에요."

나는 다시 크리스틴에게 물었다. "에바의 말을 이해하시나요? 저도 비슷한 느낌이거든요. 자매님의 미소와 말투로 볼 때, 우리에게 자신을 별로 드러내고 싶어하지 않는 것처럼 느껴져요. 너무 몸을 사리지 않나 싶거든요."

몇 주 후에 크리스틴은 이렇게 고백했다. "아무에게도 제 자신을 준 적이 없어요. 항상 안전거리를 유지했죠. 그래야만 했어요. 제가 어릴 때 아버지는 집을 나가 버렸고, 저는 엄마의 유일한 자랑거리였죠. 엄마는 늘 예쁜 옷만 입혀 주셨어요. 전 마치 엄마의 최신 디자인을 세상에 선보이러 나선 모델 같은 느낌이었죠."

"남들에게 절대로 나를 드러내지 않겠다고 결심한 순간이 기억납니다. 사람들과 거리를 유지하려고, 수줍으면서 얌전한 태도를 취하기로 한 거죠. 엄마가 나를 엄마 친구들한테 보여줄 때 그랬던 것처럼요. 저는 얌전하게 구는 게 정말 싫어요. 하지만 그 외에 달리 도리가 없다고 생각하니 너무 두려웠던 거죠. 내가 남들에게 드러낼 가치가 있는 존재라고 생각해 본 적이 없으니까요."

모임을 진행하면서 결국 크리스틴은 하나님과 사람을 향한 분노, 자신의 오만함, 그리고 인생에 홀로 맞서 살아야 한다는 두려움이 자기 안에 있음을 인정하게 되었다.

거룩한 구조: 우리의 생존 비결

크리스틴이 거룩한 구조에서 나오는 에너지로 살아간다면 사람들과 어떤 식으로 관계를 맺을까? 가족을 버린 아버지와 딸을 소유물로 생각한 어머니에도 불구하고, 하나님의 선하심을 믿었다면 어땠을까? 하나님의 선하심이 십자가에서 완전하게 드러났고, 거기서 하나님이 그녀의 가장 큰 문제를 해결해 주셨음을 깨달았다면 어땠을까? 하나님이 그녀 속에서 일하고 계시기에 남들에게 줄 것이 있다고 믿고, 상대의 유익을 위해 관계를 맺었다면 어땠을까? 남들이 그녀를 함부로 대할 때도 그들의 성장과 기쁨을 바라면서, 이미 용서받은 자가 누리는 쾌활한 은혜와 겸손함으로 그들을 사랑하지 못한 부족함을 인정했더라면 어땠을까? 마지막으로, 결단코 살아남겠다는 태도가 아니라 하나님께 순종하겠다는 태도로 인생을 살았더라면 어땠을까?

그랬더라면 그녀는 모임에서 대화에도 적극적으로 참여하고, 일부러 얌전히 있지 않아도 되었을 것이다. 남에게 끼치는 영향력에 민감하되, 자기보호나 잘 보이기 위해서가 아니라 남을 격려하려고 그렇게 했을 것이다. '이게 아닌데' 싶을 때는 자기주장도 내세우고 목소리도 높일 것이다. 얌전한 성향은 남아 있겠지만, 그건 꾸밈없이 순수한 얌전함일 것이다. 남들도 그 점을 알고 그 축복을 누릴 것이며, 그녀의 관계 맺는 유형도 바뀔 것이다.

우리가 하나님 그리고 사람들과 관계 맺는 방식보다 더 중요한 문제는 없다. 타락한 구조는 하나님에 대한 의심으로 시작해서 하나님을 미워하게 되고, 결국은 사람들을 이용하고 자기를 보호하는 삶으로 끝맺는다.

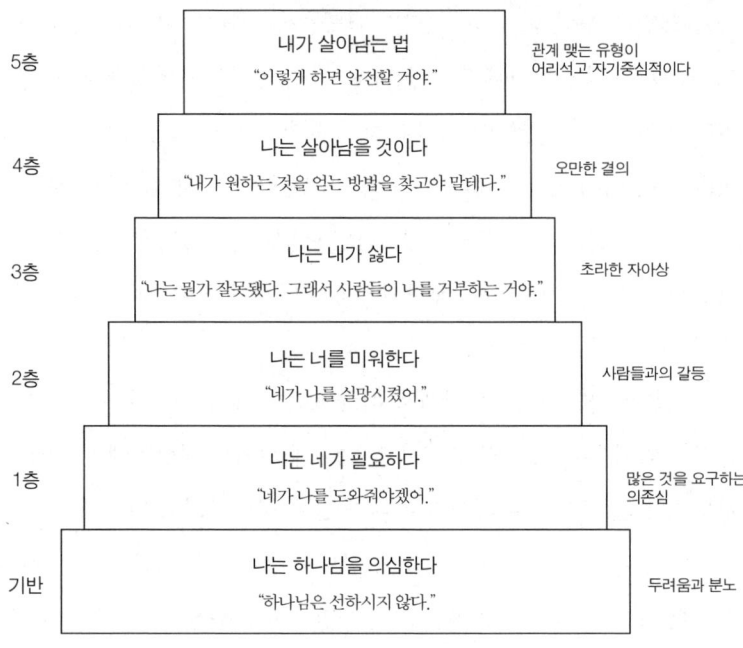

거룩한 구조

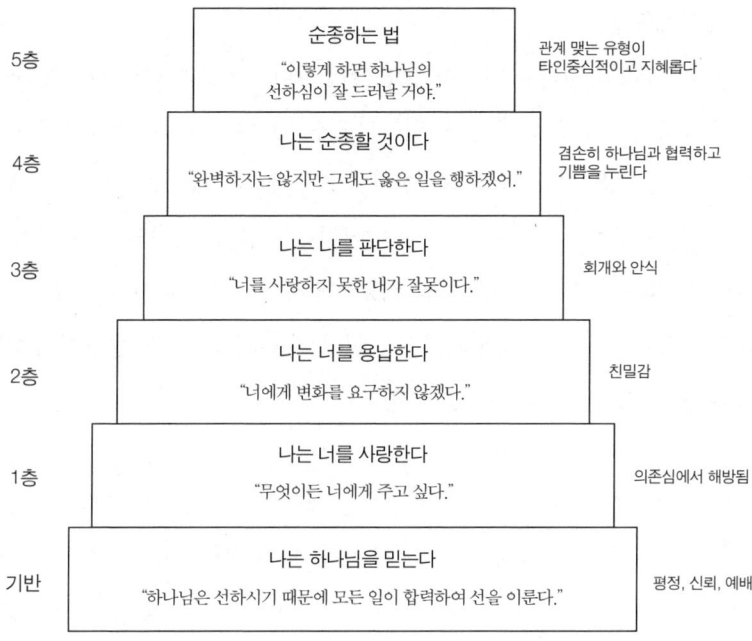

5층_ 내가 살아남는 법

고통을 피하는 데만 집착해서 하나님이 주신 좋은 것들을 꽁꽁 싸맨 채 얽매인 삶을 살게 된다. 반면에 거룩한 구조는 하나님에 대한 사랑과 신뢰로 시작해서, 나만의 독특한 아름다움과 풍성함으로 사람들을 사랑하는 삶으로 끝난다.

지금까지 살펴본 타락한 구조와 거룩한 구조를 알기 쉽게 요약한 그림을 제시했다.

이제 중대한 질문을 던져야 할 순간이 왔다. '어떻게 하면 타락한 구조에서 거룩한 구조로 옮겨 갈 수 있는가'라는 질문이다. 하나님을 발견하려는 자는 온 맘을 다해 하나님을 찾아야 하는데, 타락한 구조를 지닌 채로는 그럴 수가 없다. 타락한 구조를 벗어버려야 한다. 내면의 그 무엇이 붕괴되고, 외부의 그 무엇이 우리를 **매료**시켜 하나님께 이끌어야 한다. 이 붕괴와 매료야말로 성령께서 하시는 일이다. 우리가 할 일은, 성령께서 그분의 일을 하시도록 초대하는 것이다.

제3부
하나님을 발견하는 여정

15장
새벽 직전이 가장 어둡다

나는 가끔 일기를 쓰는데, 그중 한 편을 소개함으로써 앞으로 이어질 결말 부분의 논조를 미리 밝혀 두고자 한다. 일기의 분위기가 부정적으로 또는 지나치게 음울하고 병적으로 들릴지도 모른다. 하지만 고생 끝에 낙이 있고, 출산의 고통 뒤에 새 생명의 기쁨이 있으며, 질문에 대한 답을 얻어야 확신이 생기는 법이다. 환멸이야말로 소망을 싹틔우는 가장 비옥한 토양이다. 성령께서는 먼저 우리 내면에 있는 나쁜 것을 붕괴한 후에 약속하신 기쁨으로 우리를 매료하신다. 1992년 여름에 세 시간 동안 비행기를 탄 적이 있다. 그때 쓴 일기다. 공항에 도착하자, 속에서 하늘이 무너지는 듯한 슬픔이 복받쳐 올랐다. 기쁨과 소망이 안개처럼 완전히 사라져 버렸다. 영적인 열매는 눈 씻고도 찾을 수가 없었다.

힘들었던 순간을 굳이 드러내는 이유는, 누구나 대체로 그럴 것이라고 생각하기 때문이다. 솔직한 사람이라면 누구나 죄로 얼룩져 있고, 손에 잡히지 않는 아득한 것을 바라며 고통스러워한다. 어둡고 깊은 골짜기를 지나는 것이다. 글을 공개하기에 앞서, 현재 시험을 겪고 있는 사람이 있다면 이 글을 통해 시험을 능히 이기고도 남을 믿음이 생기기를 간절히 바란다. 하나님을 발견하는 여정은 먼저 우리를 어둠 속으로 이끈다. 그 후에 빛이 비친다.

일기: 1992년 7월 1일

때로는 내 영혼이 죽어 버린 게 아닌가 싶다. 어떤 때는 영혼이 고문당하고 있는 것 같다. 지금은 두 가지를 동시에 느끼는 끔찍한 상황이다.

이런 시간이 정말 싫다. 나는 단순 유쾌한 사람이었으면 좋겠다. 나보다 훨씬 즐겁게 사는 사람들이 주변에 허다하다. 그런데 왜 나는 이런 절망의 구렁텅이를 통과해야 한단 말인가? 이런 상태에서는 내 안에서든 다른 사람에게서든 기쁨을 전혀 찾을 수가 없다. 나는 완전히 비참해져서 기독교에 누를 끼치는 존재다. 나의 독자들은 내가 이렇게 나락으로 떨어지리라고는 상상도 못할 것이다.

이런 번민의 시간은 정말로 두렵다. 바로 지금 그런 두려움이 엄습한다. 계속 살아갈 힘이 남아 있을까? 열심히 일하고 가족을 사랑하고 인생을 정면 돌파할 힘이 남아 있을까? 아니면 어둡고 음습한 터널 속, 다시는 못 빠져 나올 캄캄한 미로 속에 빠진 건 아닐까?

걱정이 몰려온다. 전진을 위한 생산적인 걱정이 아니라 절망감이다. 마치 블랙홀에 빠져서 한 번만 더 부딪히면 죽을 것인지, 아니면 계속 여기저기 벽에 부딪히다 바닥에 나동그라질 것인지도 가늠하지 못하는 절망감이다.

뭘 해야 하지? 계속 이렇게 살 수는 없는데. 나는 형편없는 인간이다. 하나님은 어디 계시는가? 도대체 하나님은 무얼 하고 계시는가? 앞으로 나가고 싶다. 뭔가 적극적으로 선택하고 싶다. 하지만 우울하고 분노에 찬 지겨움, 절망스런 무관심이 모든 에너지를 앗아가 버렸다. 뛸 수도, 걸을 수도, 서 있을 수도 없다. 불평이랄 것도 없이 뿌루퉁하게 풀이 죽은 채 가장 저항이 적은 길을 터덜터덜 걷는 게 고작이다.

하지만 마냥 터덜터덜 걷기만 하다가, 조류에 휩쓸려 부유하기만 하다가 이성을 잃을까 겁난다. 나는 성숙하고 듬직하며 사랑 많은 남자가 되고 싶다. 아내에게 힘과 기쁨을 듬뿍 주는 남자가 되고 싶다. 그러니 부유하지 말아야 한다. 행동을 **취해야 한다**.

하지만 그게 문제다. 전진하는 것은, 내 맘대로 할 수 있는 힘이 내 안에 있다고 전제하는 것이다. 나는 독존하는 실체로서, 자유롭게 방향을 선택하고 그 방향을 따라갈 수 있는 존재라고 생각하는 것이다.

행동을 취하는 데는 그 이상의 전제가 필요하다. 저 길이 아니라 이 길을 택하는 이유가 있어야 하고, 총체적으로 엉망인 상황 뒤편에 선한 계획을 가진 자애로운 창조주가 있어야 한다. 무시했다가는 아예 놓칠 수도 있는 창조주가 있어야 한다.

전진하려면 두 가지를 믿어야 한다. 첫째, 비록 고통은 피할 수 없을지라도 나는 스스로 전진할 수 있는 자유로운 존재임을 믿어야 한다. 둘째, 세상에는 정말 무한히 선한 존재가 있어서 그분이 주시는 기쁨으로 나를 초청하신다는 것을 믿어야 한다.

하나님은 선하시며 나는 자유로운 존재라고 믿는다면, 인생의 기복을 소망 가운데 헤쳐 나갈 수 있다. 선은 악보다 좋은 것이니, 기뻐할 이유가 있지 않은가.

만약 이 두 가지 중 하나만 믿거나 둘 다 안 믿는다면, 인생은 절망스런 비극이요 잔인한 허구다. 줄 수도 없는 걸 주겠다고 현혹하니 말이다. 인생은 사람을 놀리는 조롱에 불과하고, 그 무의미함을 딛고 일어서려는—또는 도피하려는—모든 노력을 혐오스럽다는 듯 비웃는다. 그러면 결국은 끝도 없고, 견딜 수도 없는 고통만 남는다.

하지만 이 글을 쓰는 순간에도 그 두 가지 사실은 너무나 분명해 보인다. 소망을 느낀다. 불신을 이야기하면서도 결국 궁극적인 현실은 비인격인 것 이상이라는 생각을 하고 있다. 물질은 사람을 조롱할 수 없다. 오직 **인격체만이** 사람을 조롱한다. 물질은 아무도 조롱하지 못한다. 물질은 그저 물질일 뿐이다. 오직 인격체만이 조롱한다. 한 인격이 다른 인격을 조롱(또는 사랑)하는 법이다. 이상한 암석이나 멍청하게 생긴 개를 보고 놀리는 것과 사람을 놀리는 건 전혀 다른 이야기다. 나는 하나님의 존재를 믿는다. 그리고 나의 존재도 믿는다.

나는 내 존재 외부에 있는 인격적 에너지가 나를 둘러쌀 만큼 크다는 걸 부정할 수 없다. 그를 선하거나 악하게 생각할 수는 있지만, 그('그것'이 아니라)가 없다고는 꿈도 꿀 수 없다.

누군가가 존재한다! 궁극적인 현실은 인격체라는 걸 나는 안다. 인격체일 수밖에 없다. 정교한 곤충의 몸체는 말할 것도 없고, 내 안에 있는 이 달랠 수 없는 갈망을 달리 해석할 도리가 없다. 그렇다면 문제는 분명해진다. 이 궁극의 인격적 존재가 과연 선하냐 악하냐 하는 것이다.

이 문제를 생각하다 보니 거의 조건반사적으로 깨닫는 게 있다. 물질 너머에 한 인격체가 있고, 그 인격체가 나에게 다가오고 있으며, 점점 가까워질수록 나에 대해 뭔가를 느끼는 존재라는 깨달음이다.

현실이란 두 인격체의 상호작용이라는 견고한 사실을 나는 도저히 부정할 수 없다. 한 인격체는 선하든 악하든 무한한 존재이고, 다른 인격체는 바로 나, 그리고 나와 같은 인간들이다. 자기가 믿는 바에 따라 이 무한한 인격체와 멀어지든 가까워지든 선택할 수 있는 자유로운 존재로서의 인간 말이다.

나는 그 인격체에 대해 무엇을 믿는가? 나는 나의 존재와 그 인격체의 존재를 믿는다. 그렇다면 그는 선한 존재인가? 신뢰할 수 있고, 소망의 합당한 근거가 될 만한 선한 존재인가? 아니면 그는 악한 존재여서, 나는 원하는 행복을 줄 수 없는 이 세상에서 행복을 찾기 위해 내 자원에만 의존해야 하는 외롭게 버려진 존재인가?

여기까지 생각이 미치자 내 안에서 이상할 만큼 흔들리지 않는 확신을 발견했다. 이 궁극적 인격체는 사실 성경이 말하는 하나님이시며, 예수 그리스도 안에 계시되었고, 철두철미 선하시며 집요할 만큼 도덕적이라는 확신이었다. 무한히 강하고 상상을 초월할 만큼 사랑이 많으며, 나를 끔찍이도 행복하게 해줌으로 지고의 선을 드러내는 분이라는 확신이었다.

왜 하나님이 선하다고 믿는지, 왜 궁극적 존재는 악한 존재가 아니라고 믿는지 반문하는 순간, 아름다움을 향한 내 갈망에 생각이 집중되었다. 사랑의 아름다움, 질서의 아름다움, 기쁨의 아름다움 등 아름다움을 향한 욕망이 내 안에 있다. 도저히 뿌리칠 수가 없다. 부정할 수는 있지만, 근절할 수는 없는 좋은 욕망이라는 것을 알고 있다. 아름다움의 근원이 없다면, 어떻게 그것을 갈구하는 내 욕망을 설명할 수 있단 말인가.

이제 나는 더 이상 추락할 수 없는 바닥에 와 있다. 하나님은 존재하시며, 그분은 선하시다. 그리고 나는 살아 있는 인격체로서 그분을 신뢰할 수도, 등질 수도 있는 존재다.

이제 나는 하나님과의 만남에서 무엇이 궁극적 핵심인지 안다. 내가 던질 질문은 "하나님께 무엇을 해드릴 것인가?"가 아니라, "하나님은 그분을 신뢰하지 않는 나에게 무슨 일을 해주실 것인가?"이다.

이 질문을 던지는 순간, 어떤 일이 발생한다. 하나님의 타오르는 영광을 잠시 일별하는 것이다. 하나님은 내게 무얼 해주셨는가? 그분은 나를 용납하신다! 나를 사랑하신다! 그 순간의 경험을 통해 나는 하나님을 맛보아 알며, 하나님이 상상을 초월할 정도로 선하신 분임을 알게 된다.

하나님은 나의 반역을 아시고, 그분을 신뢰하지 않는 마음, 이 땅에서 나의 도성을 세우려는 결심을 아신다. 선을 행하려는 나의 미약한 열망이 악을 행하려는 강한 열망에 얼마나 쉽게 무너지는지도 다 아신다. 그런데도 여전히 나를 사랑하신다! 나를 불쌍히 여기신다! 나를 친구 삼고 싶어 하신다!

하나님이 설정하신 나와의 관계를 숙고할 때 희망이 용솟음친다. 빛이 보인다. 동굴은 아직 어둡지만, 더 깊은 나락으로 떨어지지는 않는다. 힘을 쓰지 않았는데도 동굴을 빠져나온 느낌이다. 들꽃이 화사하게 핀 들판을 걷는 나를 본다. 맑은 시내를 지나 푸른 초장에 편히 누운 나를 본다.

햇볕은 찬란하고 따스하며, 솔솔 부는 산들바람이 너무 덥지 않도록 몸을 식혀 준다. 살아 있는 것만으로도 온전히 기쁘다. 나는 편히 쉬는 동시에 움직이는 느낌이다. 그리스도 안에서 쉬되, 나를 감옥처럼 가두던 블랙홀에서 점점 멀리 벗어나는 듯하다. 다시는 거기 빠지지 않을 것 같다.

그러다가 일이 생긴다. 작다면 작고 크다면 큰 일이다. 충치를 때운 금이 떨어져 나간다. 소중한 사람에게 좋지 않은 일이 생겼다는 소식이 온다. 마음을 다잡으려 하나 자꾸 어그러진다. 하나님은 여전히 선하시며 신뢰할 만한 분이라고 거듭 다짐하지만, 현실은 그렇지 못하다. 눈 깜짝할 사이에 푸른 초장은 사라지고, 나는 또다시 깊은 어둠 속으로 곤두박질한다. 내 영혼은 다시 죽음을 맛보고, 살아 있는 것은 오로지 고통과 의심뿐이다.

이 주기는 계속 반복된다. 더 깊이 추락하고 더 높이 상승하면서. 나는 다시 한번 근본으로 돌아가야 할 필요성을 느낀다. '하나님은 선한 존재인가? 나는 그것을 믿는가? 하나님을 추구할 힘이 내게 남아 있는가? 하나님은 아직 그 자리에 계시는가? 내가 그분을 발견하도록 허용하실까?' 나는 하나님을 신뢰하고 그 선하심 안에서 안식하는 것, 죄에 대항해 선을 택하는 것이 얼마나 중요한지를 조금씩 깨닫는다.

때로는 인생을 단순히 즐기면서 살았으면 싶다. 세수하고, 출근하고, 공과금 내고, 골프나 치면서 말이다. 하지만 하나님을 추구하려면 그 이상이 요구된다.

인생의 문제들을 현실적으로 접하면 접할수록, 양자택일밖에 없음을 알게 된다. 영적 성장을 향해 나아가든가, 영적 패배에 빠지든가, 또는 깊이와 능력을 향해 나아가든가, 나른한 무기력에 빠지든가, 둘 중 하나다.

나는 하나님의 사람이 되고 싶다. 우울하고 변덕스러운 내 성격을 통해서도 내 안의 그리스도가 확연히 드러날 정도로 그리스도를 깊이 알고 싶다. 나는 그리스도를 원한다. 때로는 생명보다 더 간절히 원한다. 내 온 맘을 다해 그분을 찾아야 한다. 그럴 때에만 그분을 발견할 것이다. 그리고 그분을 발견할 때만, 나는 생의 기쁨을 맛볼 것이다.

주여, 다시 한번 당신을 맛보아 알게 하소서!(일기 끝)

타락한 구조 허물기

우리의 타락한 구조가 허물어지고 하나님을 추구하는 것이 삶의 최종 목표가 될 때, 우리는 하나님을 일별할 것이다. 그러려면, 다음 세 가지를 행할 용기가 필요하다.

첫째, **우리가 사람들에게 끼치는 영향력을 직시해야 한다.** 우리가 사랑하는 사람들에게 얼마나 해를 끼치고 있는지 깨달을 때, 구원받은 우리 마음이 고통에 못 이겨 결국 회개에 이른다. 우리가 선한 영향력을 끼칠 때는 기쁨을 맛보며 상대방을 더욱 사랑하고 싶어진다.

둘째, **남들이 우리에게 끼친 해악을 직시해야 한다.** 남들이 우리를 얼마나 실망시켰는지 솔직히 인정할 때, 상처받기 쉬운 부분을 억누르고 살았음을 깨닫게 된다. 그런 억누름은 우리 안에 내 모습 그대로 충만한 존재가 되고 싶은 마음을 유발한다. 또 남들이 나의 친절을 짓밟을지라도 늘 온유하며, 실패할지라도 씩씩하게 전진하겠다는 마음을 갖게 한다.

셋째, **우리가 하나님을 대하는 태도를 직시해야 한다.** 하나님이 우리를 실망시키신 것 같다. 완전히 신뢰할 수가 없다. 때로는 하나님께 분노가 치민다. 우리가 하나님을 어떻게 생각하는지를 인정할 때, 내면에서 충돌을 느낀다. 뭔가 확실히 잘못된 것 같다. 그래서 하나님을 신뢰하고 선하신 하나님을 체험하려는 열망이 솟구친다. 하나님은 완벽하게 선하시며 우리를 위해 늘 그 자리에 계신다는 깨달음 가운데 평화롭게 안식하고픈 열망이 솟구친다.

우리는 지난 인생을 이야기하는 법을 배워야 한다. 어떻게 남에게 영향을 끼치고, 어떻게 남에게 상처를 받았고, 하나님을 어떻게 느끼는지 말할 수 있어야 한다. 그리하여 아직도 남아 있는 죄악된 태도와 행동을 붕괴해야 한다. 우리의 이야기를 하려면 자신에 관한 고통스런 진실을 대면해야 한다. 그 진실을 대면하다 보면, 사랑하고 존재하고 예배하고 싶은 고상한 열망, 성령께서 우리 안에 심으신 그 열망을 다시금 느끼게 될 것이다.

하지만 이야기를 하다 보면 추한 부분을 아예 빼버리거나 지나치게 파고드는 경우가 있다. 이 두 가지 태도는 하나님을 발견하는 데 방해가 된다.

16장
사람들이 저지르는 실수

하나님의 선하심을 더 확신할수록, 자유로운 마음으로 쉼을 누리고 우리가 원하는 대로 인생을 끌어가려는 수고를 멈추게 된다. 하나님의 선하심을 입증하는 구체적인 증거를 요구하지 않게 된다. 그리하여 결국 하나님을 발견하게 된다. 하지만 고통과 불확실성으로 가득한 세상에서는 하나님의 선하심을 드러내는 증거들이 쉽게 가려지기 때문에, 그 확신을 다지기가 쉽지 않다.

하나님을 발견하는 과정에서 우리가 범하는 실수가 두 가지 있다.

문제를 우회하는 실수

첫째, 하나님이 선하시다는 확신을 회복하기 위해 문제를 직시하지 않고 **우회하는** 경우가 있다. 동성애 충동으로 갈등하는 남성이나 다식증으로 고생하는 여성에게 하나님 중심의 활동을 더 열심히 하라고 충고하는 것은 문제를 우회하는 태도다. 성경공부를 더 하고 기도 시간을 더 갖는 것이 오히려 현실을 회피하는 데 일조하는 경우가 있다. 그 현실을 직시해야 하나님께 나아갈 수 있다.

세상이나 우리에게 내재한 추하고 고통스러운 현실을 멀리하는 한, 하나님을 발견하지 못할 것이다. 삶에서 벌어지는 일들을 인정하지 않을 때, 서로 "자기의 인생 이야기"를 절대 하지 않을 때, 하나님을 찾는 일은 규격화된 행동양식으로 전락한다. 자신이 훈련에 열심이라는 자만심에 빠진 채로 말이다.

신학생 한 명이 찾아와 자위 문제를 상담한 적이 있다. 나는 그에게 남들과 어떻게 관계를 맺으며 사는지 물어보았다. 그가 관계에서 남성으로서의 기쁨을 누리지 못하기 때문에, 만성적으로 성적인 유혹에 넘어가는 것은 아닌지 의심스러웠다. 남을 제압하거나(잘못된 남성성), 쉽게 굴복해 버릴 경우(남성성의 부재), 그의 영혼은 공허를 느낀다. 공허감 때문에 마땅히 누려야 할 충만감을 갈망하게 되고, 결국 모험할 필요 없이 즉각적으로 충만감을 맛볼 수 있는 방법에 끌린다. 다른 사람과 관계 맺는 스타일이 변하기 전에는 계속 그럴 것이다. 충동적인 자위행위를 극복하려면, 남성다운 용기로 남들에게 다가갈 필요가 있었다.

그가 사람들과 관계 맺는 방식을 물어보면서, 아마 자기 방어형일 것이라고 예상했다. 남을 지배하든가, 피하든가 둘 중 하나일 것이라고 생각했다.

그런데 그는 즉각 이렇게 대답했다. "제 생각이 딱 맞았군요! 제 심리를 파헤쳐서 저의 죄에 적당한 핑곗거리를 찾아내시려는 거죠? 그보다는 성경 말씀을 제시해 주셔야 하는 거 아닌가요? 절제를 권면하고, 자위는 성적 에너지를 잘못 발산하는 죄라고 정죄하는 성경 말씀 말입니다."

나중에 안 사실이지만, 내가 비성경적인 상담가라는 점을 폭로하려는 조직이 있는데 그는 그 조직의 일원이었다. 그의 생각에는, **성경적인 상담이란 삶에서 명백히 죄가 되는 행동 외에는 다루지 않는 것을 의미했다.** 그는 **삶의 문제를 직시하지 않고 우회함으로써**, 도덕적인 삶을 훈련함으로써 하나님을 발견하고자 했다.

내가 누구인지 알기 위해 살아온 이야기를 하는 법을 배워야 한다. 좋은 이야기, 안 좋은 이야기, 심지어 추한 이야기까지도 할 줄 알아야 한다. 인생이란, 왜곡된 형상을 지닌 자가 역시 왜곡된 형상을 지닌 사람들과 함께 왜곡되지 않은 하나님의 임재 앞에서 살아가는 것이다. 하나님은 왜곡된 우리를 점점 더 곧게 펴 주실 것이다. 나의 현재 모습과 과거를 부인하는 한, 절대로 하나님을 발견할 수 없다. 하나님께로 가는 길은 절대로 문제를 우회하지 않는다.

문제에 함몰되는 실수

문제에 함몰되는 경우에도 절대로 하나님을 발견할 수 없다. 이것이 두 번째 실수다. 오늘날 상담가들은 맹목적으로 우리를 이 길로 인도하는 경우가 있다. 문제를 에둘러가지 말고 문제 속으로 들어가라는 것이다. 문제없는 척하지 말고, 문제를 철저히 직시하라고 한다. 문제의 부정이 지고의 악이 되고, 개방성과 솔직함이 최고의 덕이 된다.

패티라는 여성은 불안감에 시달려, 매사에 자기 생각은 없고 남의 말만 들었다. 그녀는 지쳐 버렸고, 자기비하와 심각한 우울증에 빠졌다. 그녀가 참여하는 치유 그룹에서 제안하기를, 한계선을 분명히 긋고 거절도 자주 하고, 본인이 원하는 것을 많이 하라고 했다. 하지만 그대로 따라할 용기가 나지 않았다. 결국 그룹의 어떤 사람이 그녀에게 일대일 상담을 권했다.

그래서 패티는 매주 한 시간씩 열 달 동안 상담을 받으러 다녔다. 상담에서는 그녀가 겪은 온갖 상처, 실망, 잘못 대우받은 상처의 흔적들을 일일이 다 파헤쳤다. 그녀가 아버지를 옹호하면서 "절 사랑하려고 애는 쓰셨지만, 사랑하는 법을 제대로 모르셨던 분이죠"라고 말하자, 치료사는 아버지가 얼마나 나쁜 분이며 그녀가 얼마나 아버지를 미워하는지를 직시해야 한다고 강조했다. 그녀가 성장한 보수적인 교회는 죄만 강조하고 은혜는 베풀지 않은 '해로운' 곳으로 낙인찍혔다. 학생부 담당 목사한테 성추행당한 기억도 끄집어냈다. 그 정신적 충격을 충분히 느껴야 한다는 것이었다.

그 치료가 전제하는 메시지는 이렇다. 부정하는 태도를 없애면 자기 느낌을 완전히 자유롭게 표현할 수 있으며, 완전한 자기표현이야말로 기쁨을 되찾는 데 꼭 필요한 기반이라는 것이다.

대부분의 오류가 그렇듯이, 이런 치료는 시작은 진실했지만 너무 멀리 나간 경우다. 문제를 우회해서는 안 된다. 하나님을 발견하고 싶다면 문제 **속으로 들어가야** 한다. 하지만 문제들은 너무도 매혹적이어서 그것을 직시하는 것만으로도 살아 있다는 느낌을 주기 때문에, 문제에 함몰되기란 너무 쉽다. 균형을 잃는 것이다. 기독교 자기개발서들을 보면, 내면에서 일어나는 일을 설명한 다음, 그리스도 안에 있는 경이로운 생명보다는 잘못을 고치는 방법을 알리는 데 더 치중한다.

이 두 번째 오류의 결과, 우리는 문제를 지나치게 직시한다. 문제에 코가 빠져서 헤어나지 못한다. 우리가 놓친 사실이 하나 있다. 낮은 자존감이나 성추행에 따른 상처들 또는 외로움처럼 지속적인 문제는, 우리를 하나님과 더 친밀한 관계로 이끄시기 위한 하나님의 도구가 될 수 있다는 사실이다. 우리는 다음과 같은 논리를 편다. "나를 사랑하기 전에는 남을 사랑할 수 없어. 자기용납이 최우선이야. 하나님이 나의 상처받은 자존감을 치유해 주시시라 믿어. 치유해 주시면 그때 하나님을 섬길 거야. 하지만 내 문제가 해결될 때까지는 그 문제를 뚫고 나와 남의 일을 걱정해 줄 여유가 없어. 육상 선수도 다친 다리를 치료해야 다시 뛸 수 있는 법 아니겠어?" 이런 논리에 따라 자기 문제에 파묻히고 함몰된 채, 자신의 성장에 힘쓰고 있다고 착각하면서 이기적인 에너지만 쏟는다.

문제를 헤치고 나오기

문제를 부정하면서 우회하거나 문제에 함몰될 정도로 빠지지 않고, 오히려 문제를 헤치고 나온다면 우리는 전혀 다른 길을 가게 된다. 이 책의 마지막 부에서는, 우리의 문제를 헤치고 하나님을 발견하는 길로 나아가는 법을 다루고자 한다.

17장
선한 열망은 너무나 약하다

우리는 하나님을 발견하려는 **열망만큼** 하나님을 발견한다. 하나님을 찾으려는 열망이 다른 열망을 능가하기 전에는 하나님을 찾지 않을 것이다. (부자 아버지를 둔 철없는 자식처럼) 하나님을 이용해서 우리가 원하는 것을 얻기보다 하나님을 주님과 친구로 경험하고 싶은 마음이 들기 전에는, 하나님을 제대로 발견할 수 없을 것이다. 그 찬란한 사랑을 일별할 수도 없고, 하나님이 우리와 함께하신다는 고요한 확신도 느낄 수 없다.

하나님은 우리가 그분을 찾기 원하신다. 특히 오랫동안 그리스도인으로 살았음에도 불구하고 하나님과 별다른 친밀감이 없을 때, 하나님은 우리에게 발견되기를 기뻐하신다. 그분은 까다로운 분이 아니시다. 다만 우리 인간과 하나님의 속성상, 하나님을 발견하려면 그 무엇보다, 그 누구보다 하나님을 간절히 원하는 마음이 있어야 한다. 하나님은 말씀하신다. "너희가 온 마음으로 나를 구하면 나를 찾을 것이요 나를 만나리라. 이것은 여호와의 말씀이니라. 나는 너희들을 만날 것이며"(렘 29:13-14).

이런 열망을 품기가 쉽지는 않다. 30분 일찍 일어나 큐티시간을 갖는 것도 도움은 되겠지만, 그렇다고 일이 성사되는 것은 아니다. 우리의 갈망은, 심지어 하나님에 대한 갈망조차도 자기중심성으로 심하게 부패해서, 영적 훈련이나 종교 활동이나 뜨거운 찬양으로도 정화하기 힘들다.

하나님과 흥정하다

우리는 하나님의 선하심을 구체적으로 보여 달라고 요구할 때가 많다. 한번은 베드로가 예수님께 이렇게 질문했다. "우리가 모든 것을 버리고 주를 따랐사온대 그런즉 우리가 무엇을 얻으리이까?"(마 19:27)

그러자 예수님은 대답 대신 포도원 품꾼 이야기를 들려주신다. 포도원 주인이 통상적인 일당을 주고 품꾼 몇 명을 데려다 일을 시켰다. 시간이 얼마 지난 뒤에 또 품꾼 몇 명을 데려다 일을 시키면서 "내가 너희에게 상당하게 주리라"라고 했다. 하루 일이 끝난 뒤 주인이 한 시간 일한 품꾼이든 열두 시간 일한 품꾼이든 똑같이 일당을 주자, 하루 종일 일한 품꾼들이 불평을 늘어놓았다. 그러자 주인은 이렇게 답변했다. "내가 네게 잘못한 것이 없노라. 네가 나와 한 데나리온의 약속을 하지 아니하였느냐? 네 것이나 가지고 가라.…… 내 것을 가지고 내 뜻대로 할 것이 아니냐."

이 이야기의 핵심은, 종이라면 주인이 하는 일이 옳다고 신뢰해야 한다는 것이다. 베드로처럼 우리도 신뢰에 관해 말은 쉽게 하지만, 실상은 하나님과 흥정을 한다. 하나님을 간절히 찾는 자들에게 하나님이 상 주신다는 사실을 믿고 하나님께 나오지만, 그렇게 나온 다음에는 우리가 마땅히 받아야 할 것을 빨리 달라고 졸라 댄다.

하지만 하나님을 찾되 상급을 받으려면, 흥정하는 태도를 버려야 한다. 하나님을 진심으로 신뢰하면 마치 어린아이가 성탄절에 원하는 선물을 요구하듯이, 무엇이든 담대하게 요구할 수 있다. 그러나 하나님이 무엇을 주시든 그것으로 만족할 줄 아는 자유함도 더불어 갖게 된다.

선한 열망을 키우라

열망이라는 주제가 대두되면 가장 즉각적으로는 내 속에 있는 원치 않는 갈망들이 떠오른다. 우리의 적(敵)은 정욕, 근심, 분노 등 어두운 욕망들이며, 이 적을 물리칠 수 있는 힘은 역기능적인 환경에서 배운 자기혐오와 수치심이라고 생각한다.

이런 갈망들을 없애려면—술을 끊고, 포르노를 멀리하고, 벌컥 화내지 않으려면—먼저 그 갈망들을 약화시켜야 한다고 생각한다. 그것들은 너무도 강해서 일단 걸려들면 도저히 뿌리치기 힘들다고 생각한다. 그래서 그 갈망들을 시큰둥하게 여기려고 노력하고, 외부의 힘을 끌어들여 그것을 떨쳐 버리려 한다. 악한 열망들을 약하게 만들려고 애쓰는 것이다.

하지만 **악한 열망이 강해 보이는 것은, 그만큼 선한 열망이 약하기 때문인**지도 모른다. 어쩌면 열망이 너무 많아서가 아니라 너무 적어서 문제인지도 모른다. 섹스중독, 일중독, 어린 시절의 학대 등 문제의 핵심은 악한 갈망에 치우친 것이 아니라, 선한 갈망이 충분히 강하지 않다는 것이다.

중독 문제는 그것을 약화시키거나 저항력을 기른다고 해결되지 않는다. 동성애 충동을 줄이려고 아무리 뿌리를 파헤친다 해도 장기적으로는 별 도움이 안 된다. 공동체의 힘을 빌려 중독을 해결하려 할 때는 또 다른 중독에 빠진다. 바로 공동체에 중독되는 것이다.

악한 욕망에 굴복하기보다 저항하고 싶어하는 내면의 갈망을 분출해야 한다. 선한 갈망을 강화하는 좀 더 폭넓고 설득력 있는 목적에 사로잡혀야 한다. 거룩이 죄보다 좋아 보일 때, 자아 발견보다 하나님을 경험하는 것이 더 중요해질 때, 그리스도와의 친밀감을 위해 지불하는 대가가 아깝지 않을 때, 우리는 죄에 대해 완벽하지는 않지만 제대로 저항할 수 있는 힘을 발견할 것이다. 그럴 때 순종은 조작적이지 않고 진실할 것이다. 올바르게 사는 것은 선을 포기하는 것이 아니라 선을 **추구하는** 것임을 알게 될 것이다.

주님은 그분께 순종함으로 사랑을 드러내는 자들에게는 주님을 나타내시겠다고 약속하셨다(요 14:21). 삶에서 그리스도를 경험하기 원한다면 그분께 순종해야 한다. 하지만 이 순종은 결단코 지겨운 일이 아니다. 순종은 희열이요 특권이며, 마음속 깊은 데서 우러나는 열망에 대한 반응이다. 기쁘게 순종하는 자들에게 그리스도는 타오르는 불꽃처럼 자신을 계시하실 것이며, 그럴 때 다른 갈망은 희미한 그림자가 되어 버린다.

햄버거인가, 연어 스테이크인가

하지만 대부분의 경우는 그리스도가 그림자이고 다른 것들이 환하게 타오른다. 하나님의 선하심을 의심하는 성향을 타고난 우리 내면의 타락한 구조 때문에, 선한 것에 대한 입맛이 무디어졌다. 자기를 의지하는 마음 때문에 영혼의 가장 섬세한 말초 신경이 절단되어, 가장 풍성한 기쁨을 주는 것들은 시들해 하고, 기쁨도 적고 죄악된 쾌락에는 중독 수준으로 빠져든다.

　기도 모임보다는 중요한 사교 모임에 초대받으면 훨씬 더 우쭐해진다. 하나님께 용납받는 것보다 특별한 사람들에게 필요한 존재가 되는 것을 더 기뻐한다. 그리스도와의 사귐을 놓치는 것보다 친구에게 신망을 잃으면 더 상처받는다. 다른 사람을 세워 주는 일보다 연봉 많은 직장을 얻은 것이 더 신난다.

　뭔가 단단히 잘못되었다. 마치 햄버거라는 말을 들으면 군침을 삼키지만, 연어 스테이크라는 말에는 무반응인 입맛을 가진 사람과 흡사하다.

　우리가 즐기도록 하나님이 계획하신 좋은 것들에 대한 입맛을 잃었다는 것, 이것이야말로 우리 안에 타락한 구조가 버티고 있다는 가장 슬픈 증거다. 주는 기쁨을 받는 기쁨으로 대체했다. 내가 받는 대우에 상관없이 늘 남에게 베풀기보다는, 나의 존엄성이 짓밟힐까봐 방어하고 세상에서 내 가치를 확립하기에 급급하다. 하나님의 임재 앞에서 완전히 받아들여지는 순전한 기쁨보다는 인생이 제대로 펼쳐지는 기쁨이 훨씬 더 짜릿하다. 하나님을 발견하기보다는, 돈 벌고 친구 사귀는 것으로 인생의 두려움을 해소하려 한다. 그리고 오만하게 자신만 믿으면서 하나님은 신뢰할 수 없는 분이라고 분노한다.

　어떤 면에서 우리는 가장 강렬해야 할 열망은 없애 버린 채, 그보다 약한 열망에 휘둘린다.

　어느 가정에 부부 싸움이 일어났다. 그 상황에서 그들이 가장 중요시하는 것은 무엇일까? 하나님을 발견하고 그분의 성품을 따라 행동하는 것? 아니면 다툼의 핵심을 파헤치거나 긴장 관계를 해소하는 것? 또는 잘못을 고칠 방법을 모색하는 것?

아들이 대마초를 상습적으로 피우는 사실을 알게 된 부부가 있다고 하자. 그들이 즉각적으로 하는 생각은 무엇이겠는가? 주님을 신뢰하는 마음으로 아들에게 다가갈까? 또는 부모 노릇 제대로 못한 것을 자책하면서, 아들이 대마초를 못 피우게 할 방도를 궁리할까?

심한 우울증에 빠져 인생에 낙이 없는 여성이 있다고 하자. 그녀는 어떤 목적에 근거해서 행동할까? 아무리 우울해도 하나님을 발견하고 그분을 섬기는 것이 목적일까? 또는 우울증을 고쳐 줄 의사를 찾는 것이 목적일까?

왜 우리는 하나님보다 문제 해결을 더 갈망할까? 하나님이 자신의 주장대로 그렇게 선한 분이시라면, 그리고 영혼의 풍성한 기쁨은 하나님을 아는 정도에 달려 있다면, 어떤 상황에서든 우리는 하나님을 발견해야겠다는 생각을 제일 먼저 해야 한다. 하지만 현실은 그렇지 않다.

실 행 계 획 세 우 기

고통이 올 때는 올바른 시각을 놓치기 쉽고, 인생이 잘 풀릴 때는 잘못된 시각을 간과하기 쉽다. 축복은 계속되어야 한다고 생각한다. 특히 우리의 역할을 잘 감당해 내고 있을 때는 그렇게 생각한다. 우리가 책임 있게 사는 한, 하나님은 우리에게 계속 복을 내려 주실 의무가 있다고 생각한다.

문제 해결이 가장 강렬한 열망일 때, 우리는 **신뢰 대상**보다는 **실행 계획**을 세운다. 효험을 볼 만한 계획을 찾느라 성경공부도 하고 기독교 서적도 읽고 세미나에도 참석하고 설교도 듣는다. 운명을 점치려고(그래서 그 운명에 조치를 취하려고) 별의 움직임을 관찰했던 고대인들처럼, 우리는 하나님께 행복한 인생의 청사진을 보여 달라고 요구하고, 그 청사진을 잘 해석해 줄 전문가를 고용한다.

하지만 인생을 어느 정도 살아 본 정직한 사람이라면, 계획이 별 효력이 없다는 것을 안다. 일반적인 삶의 공식, 심지어는 기독교적인 공식도 별 효과가 없다는 사실을 차츰 깨닫는다. 하나님의 약속인 줄 알았던 것들이 이루어지지 않는다. 관계 세미나에서 배운 대화법으로 부부 관계의 모든 갈등을 해결하지는 못한다. 성경적 원리에 입각해서 신중하게 재정 관리를 한다고 돈 문제가 다 해결되지도 않는다.

인생이 바라는 대로 풀린다는 보장이 없다. 하나님이 성경의 원칙들을 주신 이유는, 우리 취향에 맞는 삶이 아니라 하나님이 원하시는 삶을 깨닫게 하기 위해서다. 하나님의 인도하심을 따라 인생을 살아가면 어떻게 될지는 하나님께 달려 있다. 때로는 축복이 오겠지만, 그렇지 않을 때도 있다. 성공을 보장하는 공식들에 더 이상 희망을 걸지 말아야, 인생이 난해할 때도 하나님을 신뢰하고 진정한 소망을 품을 수 있다. 하나님은 결국 우리를 본향으로 인도하실 테니 말이다.

이치에 맞는 세상을 신뢰하는 마음

인생을 살아가는 방법에는 두 가지가 있다. 이치에 맞는 세상을 굳게 믿고 자기 힘으로 인생을 경영하든가, 인생의 비극과 혼란을 직시하고 그보다 크신 분께 믿음을 걸고 살든가, 둘 중 하나다. 그분은 선하심으로 비극을 덮으시고, 우리를 돌아보시는 분이다.

이치에 맞는 세상에 대한 믿음은 쉽게 없어지지 않는다. 우리는 상처 입을까봐 무척 두려워한다. 그래서 가장 중요하게 생각하는 사안들—자녀 문제, 중요한 사람들과의 관계, 건강, 재정 상태 등—을 통제할 수 있기를 원한다. 인생이란 예측할 수 없고 혼란스럽다는 사실을 죽어도 안 믿으려 한다. 기쁘게 살아남을 수 있는 유일한 길은 우리보다 더 강한 그분을 신뢰하는 것임을 믿지 않으려 한다.

인생이 원하는 대로 풀려 갈 때는 교묘하게 파고드는 자만심을 뿌리치기 어렵다. "인생에는 다 이치가 있는 법. 난 그 이치를 깨우쳐 그대로 살고 있지. 이치대로 못 사는 사람들과는 부류가 달라. 하나님, 감사합니다." 잘 나가는 장성한 자녀를 둔 부모는 혼전 임신한 딸을 둔 부모를 짐짓 깔보는 경우가 있다.

하지만 깨진 꿈이야말로 인생이 예측 가능하다는 생각을 바꿀 수 있는 절호의 기회다. 올바르게 살려는 성실한 노력이 기대했던 축복을 가져오지 않을 때, 통제할 수 있다고 믿었던 세상 이치에 대한 확신이 사라진다. 물론 때로는 하나님의 계획을 제대로 따르지 않은 자신을 탓하기도 하지만, 자기비하를 하면서도 우리는 서서히 깨닫기 시작한다. 열심히 산다고 축복이 보장되지는 않는다는 사실을.

이 생각을 좀 더 키워야 한다. 책임 있게 사는 것도 중요하지만, 그것이 인생의 최우선순위여서는 안 된다. 선하게 살았다고 늘 보상을 받지는 못한다. 인생은 예측 불가능하다. 이전에 겪은 실패로는 해석이 안 되는 예상치 못한 문제가 발생할 때, 인생을 내 힘으로 꾸려 갈 수 있다는 자신감이 사라진다. 그리고 하나님 외에는 대안이 없는 깊은 수렁에 빠진다. 그래서 가장 암울할 때 하나님을 향한 참된 열망이 우러나는지도 모른다.

우리의 최우선 목적

인생의 문제를 책임 있고 지혜롭게 풀어 가려면, 무엇보다도 그리스도를 향한 열망을 키우는 것이 가장 중요하다. 우리의 최우선 목적은 하나님을 이용해 문제를 해결하는 것이 아니라, 문제를 통해 하나님을 찾아가는 것이다. 어려움이 지속될 때도 계속 앞으로 나아가려면, 하나님에 대한 확신을 키워야 한다. 생존 전략에 대한 확신이 산산조각 날 때, 하나님에 대한 확신이 자란다. 지속되는 어려움을 기꺼이 환영할 수 있는 이유는, 문제를 피하거나 극복할 능력이 우리에게 있는지 자문하는 계기가 되기 때문이다.

하나님은 이생에서의 만족스런 삶에 모든 정력을 쏟아 붓는 사람들, 하나님 나라에 대한 약속은 경시하고 현세만을 위해 사는 사람들의 하나님으로 불리는 것을 수치스러워 하신다. 그러나 합당한 즐거움은 누리되 현세에서 자신의 성 쌓기를 깨끗이 거절하는 자들의 하나님으로 불리는 것은 수치스러워 하지 **않으신다**. 그들은 새 땅에 마련된 더 나은 본향을 바라본다. 채워지지 않는 갈망으로 고통스러워하면서도 그 고통을 없애 달라고 떼쓰지 않는다. 영원한 도성에서 안식할 날을 기다리며, 차가운 세상에서 하나님을 섬길 기회를 주신 것에 감사드린다(히브리서 11장, 특히 13-16절을 보라).

하나님을 찾는 우리의 갈망은 너무도 유약하다. 하나님은 그 무엇보다 그분을 알기 원하는 자들에게 자신을 나타내신다. 인생의 문제로 갈등할 때 가장 중요한 질문은 '어떻게 이 문제를 해결할 것인가?'가 아니라, '어떻게 하면 그리스도를 알고 싶은 열망이 활활 타오르게 할 수 있을까?'이다.

18장
선한 열망과 악한 열망의 본질

우리는 하나님을 향한 열망을 회복해야 한다. 그렇지 않으면 진정한 삶은 없다. 교회 안에는 초자연적인 존재와 접촉하는 희열은 별로 느끼지 못하는, 상식적이고 도덕적인 그리스도인들로 가득하다. 믿지 않는 자들과 다를 바 없는 무미건조한 그리스도인들도 부지기수다. 하나님을 향한 열망을 반드시 회복해야 하는데, 어떻게 할 수 있을까? 우리를 그리스도와 함께 완전히 소멸시킬 정도로 하나님을 온전히 드러내시게 하려면 어떻게 해야 하는가?

하나님은 각 영혼 안에서 그분을 찾는 열망이 다른 모든 열망을 능가할 만큼 강력하게 역사하신다. 성령께서 그런 열망을 일으키실 때 어떻게 협력해야 하는지를 알면, 문제가 터지더라도 준비가 되어 있어서 문제를 통해 하나님을 찾게 된다. 우리는 너무나 자주 휘둘리는 **악한 열망을 붕괴**시키고, 우리 안에 잠자고 있는 **선한 열망을 불러낼** 방법을 찾아야 한다. 이 방법을 지혜롭게 따르되 그것이 공식으로 전락해 우리의 기대를 하나님한테 당연히 요구하는 우를 범하지 않으려면, 선한 열망과 악한 열망의 본질을 알아야 한다. 내 생각을 네 가지 핵심으로 정리하면 다음과 같다.

1. 악한 열망은 내면 깊이 흐른다.

악한 열망은 삶을 대하는 타락한 방식에 깊이 닻을 내리고 있으며, 매우 쉽게 끓어오른다. 그래서 이 악한 열정에 굴복하거나 그것과 싸우느라 인생의 대부분을 허비한다. 어느 경우든, 악한 열정이 우리를 지배한다.

극히 미세한 자극만으로도 격한 감정이 촉발된다. 배우자의 경멸에 찬 눈빛만 보아도 분노가 치밀고, 상대방의 말끝에서 비아냥거리는 투만 느껴도 두려움과 자기혐오감이 밀려온다. 어디에 있는지도 몰랐던 끔찍한 감정이 폭발한다. 일단 폭발한 감정은 걷잡을 수 없다. 우리의 삶을 집어삼키고 지독한 독재자처럼 우리를 지배한다.

우리는 원한에 사무치고, 질투심이 끓어오르고, 욕정으로 불타오른다. 이상한 것은, 이런 감정을 경멸하는 동시에 부추긴다는 점이다. 남 앞에서는 만사가 다 괜찮은 것처럼 꾸미지만, 속에서는 증오가 부글부글 끓는다. 어찌할 도리가 없다.

그러다 뜻밖에 마음의 동요를 가라앉히고, 그럴싸한 성취와 만족을 주는 행동을 한다. 황홀한 순간이 온 것이다. 좋은 성적을 받거나 경기에서 이겼다. 교회 학생부나 무도회에서 멋진 실력을 발휘했다. 또는 음란물을 보면서 처음으로 자위를 했거나, 배우자한테 화가 나서 밥을 두 그릇이나 먹었다.

기쁨이 물밀듯이 밀려온다. 일평생 누릴 기쁨이 한꺼번에 몰려오는 듯하다. 살아 있다는 느낌과 뿌듯한 성취감에 힘이 불끈 솟고 만족스럽다. 마음이 즐겁고 편안하며, 만사가 내 손안에 있는 듯 든든하다. 이 패턴은 모든 선한 것의 근원이 된다. 여간해서는 떨칠 수 없는 괴로운 고통에서 해방되고 싶을 때 우리는 항상 이 패턴에 의존한다.

그러나 이 패턴은 해를 거듭할수록 사람을 소진시킨다. 성공 욕구에 내몰리거나, 섹스중독에 빠지거나, 과식증으로 관계를 해친다. 살아 있다는 느낌을 회복하기 위해 위협적인 것은 뭐든지 회피한다. 어떤 사람들(주로 심한 학대에 시달린 사람들)은 자기 성격을 몇 가지로 세분화해서, 무섭고 파괴적인 고통이 닥치면 필요에 따라 각 성격을 써먹으며 자신을 보호하려 한다. 전에는 생명력을 느끼게 해준(적어도 생명력처럼 느껴졌던) 패턴이 변태적 성행위, 생명력 없는 종교 행위, 절대로 만족이 없는 완벽주의, 또는 심각한 정서 장애로 발전할 수도 있다.

어느 시점이 되면 그 패턴을 문제로 규정한다. 전과 같은 효과가 없다. 그래서 뭔가 잘못되었음을 느끼고 도움을 요청한다. 도움을 구하는 목적은 주로 나의 행복을 방해하는 문제를 극복하기 위해서다. "내가 변태적인 성 충동을 자제할 수만 있다면", "내 자신을 좀 더 좋아할 수만 있다면", "만성적인 피로감만 없다면"—그러면 인생이 살 만할 텐데!

문제 해결을 위해 하나님을 포함한 모든 자원을 이용하는 데 몰두한다. 그리하여 하나님을 찾기보다는 다른 것에 마음이 쏠린다. 문제를 야기하는 생활방식에 빠지느니, 문제를 극복하는 생활방식을 찾기 시작한다. 하지만 중심은 여전히 나에게 쏠려 있다. 생을 즐기는 데만 끈질기게 매달릴 뿐, 생의 근원이신 그분을 더 알려 하지 않는다. 타락한 구조는 붕괴하지 않았다. 단지 잘못된 열망을 또 다른 잘못된 열망으로 대체했을 뿐이다.

타락한 구조의 결과, 그리스도께 순종함으로써 그분을 더 알기보다는 다른 데서 생명을 찾으려는 온갖 열망으로 들끓는다. 거룩한 구조의 열매는 근본적으로 다르다. 성령이 역사하실 때는 모든 선(善)의 근원으로 이끄는 고귀한 열망들이 솟구친다.

하나님의 선하심을 의심하기 때문에 우리는 통제 가능한 것만을 원한다. 예를 들면, 서로가 방어의식 없이 사랑으로 자신을 내어주는 기쁨은 성적 쾌락으로 대체되었다.

하나님의 선하심을 확신하지 못하면 악한 열망이 우리를 지배할 것이다. 따라서 우리는 의심을 버리고 믿음을 발휘해야 한다. 우리를 사로잡은 악한 열망들을 붕괴하려면 뭔가 해야 한다. 이것이 나의 첫 번째 논지다. 두 번째 논지는 더욱 고무적이다.

2. 모든 그리스도인의 마음에는 선한 열망이 잠자고 있다. 이 열망을 깨워야 한다. 구원받은 사람이면 누구나 갖고 있는 열망이 있다. 온전해지고 싶고, 남에게 주는 사람이 되고 싶고, 강하고 선하신 하나님을 예배하고 싶은 열망이다. 하지만 하나님을 완전히 신뢰하지 않고 내 힘으로 인생을 살겠다는 단호한 결의가 그 열망을 짓누르고 있다. 우리는 더 온전하고 자신만만하며 목적을 성취할 방법을 찾아 헤맨다. 그 결과, 고귀한 열망들은 동면 상태다.

그 열망들은 잠들어 있을지언정 사라지지 않는다. 성령이 침노하신 마음속에는, 우리를 하나님께로 이끄는 선한 것들을 갈구하는 열망이 절대로 없어지지 않는다. 다만 억눌릴 뿐이다. 그 예를 들어 보겠다.

결혼 5년차인 테리는 남편과 성관계를 가질 때마다 항상 눈을 감는 버릇이 있다. 어린 시절 내내 성추행을 당했기에, 누가 자기를 제대로 사랑해 주리라는 기대를 갖기가 어려웠다. 남편이 접근할 때 눈을 감으면, 혹시 남편에게 있을지도 모르는 이기적인 욕정을 못 보니까 상처도 받지 않을 것 같았다. 그윽하고 순전한 남편의 사랑을 갈구하는 마음을 접어야만 남편의 접근을 받아들일 수 있었다.

상담이 진전되자 나는 그녀에게, 다음번에 남편과 키스할 때는 남편의 눈을 보라고 말했다. 그녀는 겁에 질려 대답했다. "선생님은 너무 많은 걸 요구하시네요."

내가 응수했다. "남편과의 관계에서 가장 원하는 게 뭔지 생각해 보세요. 다시 또 성추행을 당하지 않는 것, 그것만은 아니잖아요. 제대로 사랑받고, 제대로 사랑하고 싶으시잖아요. 아내는 남편을 격려하고, 남편은 아내에게 따스한 안정감을 주는 부부 관계를 원하시잖아요. 눈을 감으면 자매님이 두려워하는 것만 막는 게 아니라, 그토록 원하는 좋은 것까지 차단됩니다. 눈을 감을 때마다 하나님을 신뢰하고 누릴 가능성을 차단하고, 자신을 온전히 남편에게 내어줌으로써 남편을 더 행복하게 해줄 기회를 놓치는 겁니다."

나중에 그녀는 말하기를, 키스중에 눈을 뜬 순간은 평생에 가장 두렵고도 근사한 순간이었다고 한다. 그녀는 마침내 성관계중에도 눈을 떴다. 그 순간은 더욱 두려웠지만 흥분의 가능성도 그만큼 더 크다는 것을 깨달았다고 한다.

하나님에 대한 신뢰가 부족해서, 우리는 가장 깊은 갈망(하나님처럼 선해지고 싶은 갈망)이 마치 존재하지 않는 척하고, 그보다 덜 고귀한 열망으로도 얼마든지 행복할 수 있다고 착각한다. 선한 열망을 밀어내려 한다. 하나님을 신뢰하지 않을 때는 선한 열망이 오히려 우리를 더 비참하게 만들기 때문이다. 우리에게는 대안이 필요하다. 좌절감으로 고뇌하게 만들든 신뢰감으로 안정되게 만들든, 어느 쪽으로든 우리를 몰아갈 열망을 느껴야 한다.

고귀한 열망은 좀처럼 뜨겁게 타오르지 않는데, 때로는 뜨겁게 타오른다고 느낄 때가 있다. 사실은 그것이 아닌데도 말이다. 여기에 나의 세 번째 논지가 있다.

3. 악한 열망은 선한 열망으로 위장할 수 있다.

냉랭한 부부 관계를 해결하려고 온갖 방법을 다 써 본 남편이 있었다. 그래도 해결이 안 되자 그는 아무것도 바라지 않고 인내하겠다는 미명하에 이렇게 말한다. "도대체 집사람은 뭐가 문제인지 모르겠어. 나로서는 할 만큼 다했어. 이제 남은 건 기도밖에 없어." 하지만 진정 고귀한 열망인 그리스도의 사랑은 절대로 포기하지 않는다. 거절당할 위험이나 갈등이 있어도 절대 멈추지 않는 사랑이다.

외로움 때문에 과식하는 사람은 충동적인 허기에 졌다고 느낄 수 있다. "나보다 강한 뭔가가 자꾸만 먹게 만들어요. 한 끼만이라도 과식을 안 하면 소원이 없겠어요." 의도는 좋았다는 데서 위안을 찾거나, 자신을 통제할 수 없는 충동의 희생자로 보는 것은 자연스러운 일이다. 하지만 사도 바울은 정말로 원치 않는 일을 하고 싶은 충동이 자기 안에 있음을 느꼈을 때, 자존감을 세우려고 애쓰지 않았다. 오히려 "나는 곤고한 자"라고 고백하면서 하나님께 나아가 용서와 은혜를 구했다(롬 7:24-25).

선한 열망의 지배를 받으려면, 먼저 하나님을 기쁘시게 하겠다는 의지적 결단(자녀를 사랑으로 양육하겠다, 무덤덤한 배우자에게 먼저 손을 내밀겠다, 체중 조절을 하겠다는 등의 결단)이 있어야 한다. 그 여정에 진보가 있고 선한 열망이 더욱 우리를 지배할 때, 오히려 악한 열망을 더 강하게 느낄 수도 있다. 이것이 나의 마지막 논지다.

4. 악한 열망은 감각적이지만, 고귀한 열망이 좀 더 호소력 있다.

하나님을 향한 열망이 우리를 지배하는데도, 감정적으로는 악한 열망을 더 강하게 느낄 수 있다. 우리를 지배하는 열망을 판단하는 척도는 어느 열망을 더 강하게 느끼느냐가 아니라 어느 열망에 순종하느냐이다.

하나님을 알려는 열망보다 정욕이나 질투를 더 강하게 느낀다고 너무 자책하지 말라. 죄가 주는 쾌락은 즉각적이고 감각적이어서 고통을 마비시킨다. 반면에 하나님으로 인한 기쁨은 시간이 흐르면서 서서히 커지고, 주기적으로 고난을 동반한다. 감각적인 기쁨(기분이 좋은가?)은 우리가 거룩한 삶을 사는지를 판단할 만큼 믿을 만한 척도가 못 된다. 때로는 성숙한 사람도 비참한 상태에 빠진다(호 5:15).

성경의 은유법들—하나님께 목이 마르다, 하나님을 맛본다, 생수를 마신다, 하늘로서 내려오는 떡을 먹는다—을 보면 하나님을 찾는 일은 분명 탁상공론이 아니다. 하나님에 관한 진리를 아는 것으로는 불충분하다. 신부가 첫날밤에 남편을 경험하듯, 우리도 하나님을 체험으로 알아야 한다. 하나님을 만나는 것은 감각적인 체험이다.

하지만 그리스도를 직접 만날 때까지는, 본능적인 취향과 두려움이 훨씬 더 시급하고 절실해 보일 것이다. 직장 일이 염려되어 잠을 못 이룰 때, 너무 죄책감을 갖지 말자. 그 불안과 불면증을 해소하는 것이 최우선 목표만 아니라면 괜찮다.

인생은 험난하다. 그리스도인의 삶도 예외는 아니다. 그렇다고 우리의 신경을 잠재우기 위해 성적 상상 같은 죄악된 방법을 의지하면 안 된다.

악한 열망이 기승을 부린다고 느낄 때, 그 순간도 하나님은 우리를 매혹하사 하나님을 더 알도록 이끄시며, 아직 세상의 쾌락에 끌리지 않은 영혼의 한 자락에 호소하신다는 사실을 기억하자. 그 영혼의 한 자락이 바로 우리가 그리스도인이라는 증거다.

하나님은 타락한 구조를 이용해 우리를 가까이 이끄신다. 먼저 그 구조에서 나오는 두려움과 고통을 우리가 고스란히 느끼도록 내버려두신다. 그런 다음, 우리를 매혹하사 우리의 고귀한 갈망을 채워 줄 분은 하나님이시며 그 안에만 만족이 있음을 깨닫게 하신다.

인생을 사는 동안 하나님은 우리를 붕괴시키고 매혹하시며, 죄에 대한 진노와 신실한 선함을 계시하신다. 그 붕괴와 매혹 전에 먼저 우리의 더러움을 깨끗이 문질러 씻고 나오라고 요구하지 않으신다. 오히려 그 반대다. 관계의 문제를 솔직히 직시하고, 영혼의 깊은 고통을 인정하자. 그 고통을 피하려고 온갖 전략을 강구했으며, 하나님의 선하심을 의심했음을 고백하자. 그럴 때 우리를 지배하던 추한 열망이 드러나고, 더욱 깊은 갈구가 용솟음쳐 우리를 그리스도께 인도할 것이다.

그런 노출과 분출 과정에서 우리가 감당할 역할은, 그 자리에 하나님이 함께 계심을 분명히 의식하는 가운데, 각자의 인생 이야기를 나누는 것이다.

타락한 구조	경험의 세가지 범주		내가 겪은 인생 이야기	
5층 4층	내가 살아남는 법 나는 살아남을 것이다!	관계 맺는 방법	현재 이야기	
3층 2층 1층	나는 내가 싫다 나는 너를 미워한다 나는 네가 필요하다	고통에 대한 방어책	속이야기	
기반	나는 하나님을 의심한다	하나님에 대한 태도	가장 깊은 속이야기	

위의 도표를 보면서 제2부에서 설명한 타락한 구조를 잠시 생각해 보자. 그 구조를 구성하는 여섯 가지 요소가 **경험의 세 가지 범주**를 이루고, 나의 인생 이야기를 구성하는 세 부분이 된다.

4층과 5층("나는 살아남을 것이다"와 "내가 살아남는 법")은 우리가 관계를 맺는 방식, 즉 현재 상태를 설명해 준다.

1층, 2층, 3층("나는 네가 필요하다", "나는 너를 미워한다", "나는 내가 싫다")은 **고통에 대한 방어책**, 즉 남들이 내게 해를 끼칠 때 어떻게 방어하는지를 다룬 내면의 이야기다.

그리고 기반("나는 하나님을 의심한다")은 **하나님에 대한 태도**, 즉 우리의 가장 깊은 속이야기를 드러낸다.

　문제를 통해 하나님을 발견하는 길로 나아가려면 각자의 인생 이야기를 할 필요가 있다. 타락한 구조 속에서 나름대로 만족했던 삶을 붕괴시키고 하나님을 향한 깊은 갈망을 일깨우는 방식으로 각자의 이야기를 해 보자.

19장
인생 이야기 나누기

내가 힘들어 하는 문제 중에 딱 한 사람한테만 털어놓은 것이 있다. 그 문제를 알면서도 나를 받아 준 그 사람에게 나는 더욱 끈끈한 일체감을 느낀다. 그 외에도 지인들에게 말한 몇몇 문제들이 있다. 해결을 간절히 바라지만, 아직도 미해결 상태인 문제들이다.

문제가 너무도 분명해서, 누가 그 문제만 해결해 준다면 더 바랄 것이 없을 것 같다. 특히 나를 괴롭히는 힘든 문제인 경우는 더욱 그렇다.

안나라는 여성은 어제 남편과의 관계를 이야기하다 울고 말았다. 남편 리처드는 부드러운 듯하나 가시 돋친 말로 아내의 마음을 찌르는 잔인하고 복수심 많은 사람이었다. 자기의로 꽉 차서 아내를 독선적이고 비열하게 대했다. 그러면서 가정의 머리 된 남편으로서 반항적인 아내를 그렇게 다루는 것이 성경적이라고 주장했다. 안나에게도 잘못이 없지는 않지만, 그녀는 성령의 역사에 마음을 열고 있었다. 하지만 모든 정황으로 볼 때,

리처드는 열려 있지 않았다.

내 딸이 그런 남자와 결혼했다면, 나도 문제 해결을 위해 온갖 수단과 방법을 다 동원했을 것이다. 안나의 영혼은 너무 깊은 상처를 입어서, 매일 반복되는 남편의 공격에서 벗어나는 일보다 더 중요한 일은 없는 것 같다. 누가 남편을 바꿔 주거나 그녀에게서 떼내 준다면, 그보다 더 좋은 일은 없을 것 같다.

결혼한 지 29년 된 마릴린과 로저의 부부 관계도 문제투성이었다. 잦은 부부싸움과 반복되는 경제적 어려움, 신앙적 갈등, 로저의 직장 때문에 서로 떨어져 사는 것 등이 문제였다. 그러다 상황이 반전되었다. 만사가 형통하는 듯했다. 두 사람은 다시 사랑에 빠졌다. 로저는 연봉도 더 많고 떨어져 살지 않아도 되는 직장을 새로 얻었다. 어느 날 밤, 그는 아내를 품에 안고 기쁨의 눈물을 흘리며 말했다. "여보, 하나님은 참 좋으신 분이에요. 지금처럼 하나님을 확실하게 느껴 본 적이 없어." 그리고 두 시간 후에, 로저는 심장마비로 세상을 떠났다.

이 부부에게 서로 함께할 시간이 조금만 더 있었더라면 더 바랄 나위가 없을 것 같다.

중년의 독신 여성 캐롤은 수요일 저녁에 성가 연습을 마치고 혼자 교회 주차장으로 가다가 강도를 만났다. 열여섯 살짜리 남자아이가 으슥한 데서 불쑥 나타나 총구를 들이대며, 한적한 숲속으로 차를 운전하라고 협박했다. 그러고는 장장 스물세 시간 동안 온갖 해괴망측한 성행위를 강요하다가 차를 버리고 달아났다.

이틀 뒤, 그녀는 상담실을 찾아갔다. 상담 치료사는 그녀에게 눈을 감고 조용히 그 끔찍했던 상황을 그려 보라고 했다. 그 자리에 예수님이 함께 계신다고 상상해 보라는 것이었다. 물론 고통스런 기억을 치유하려는 의도였다. 그러나 그녀는 돌연 자제력을 잃고 악을 썼다. "예수님이 그 자리에 계셨다는 건 나도 알아요. 그런데 왜 예수님은 가만히 계셨냐고요!"

캐롤이 교회 주차장에 다른 사람과 같이 가도록 누가 손을 써 주었더라면 얼마나 좋았을까.

하나님은 내 문제를 없애 주고, 안나의 남편을 변화시키고, 심장마비를 지연시키고, 으슥한 데 숨어 있던 불량 청소년을 막아 줄 힘이 있으시다. 그런데 도대체 무엇을 하고 계시는 것일까? 하나님은 과연 선하신가?

미망인이 된 마릴린은 매일 힘겨운 고독과 대답 없는 질문 속에 쓰린 마음을 부여잡고 살아간다. 캐롤은 지울 수 없는 상흔과 끔찍한 기억에 시달린다. 이 두 여성이 하나님께 나아간다.…… 무엇을 위해서?

하나님은 도대체 무엇을 하고 계시는가

때로는 하나님이 무엇을 하고 계신지 알 수가 없다. 하나님은 자녀들에게 선을 베푸시는 분이라고 한다. 하지만 이 말이, 절대적 능력을 지닌 완벽하게 선한 존재라면, 지금까지 행하지 않은 일을 당장 해주어야 한다는 의미는 아니라고 생각한다.

나는 아직도 지겨운 문제로 갈등한다. 안나는 여전히 남편 때문에 마음을 다친다. 마릴린은 늘 가슴이 아린다. 성추행을 당한 캐롤은 아직도 불면증에 시달린다. 내일이면 비행기 한 대가 또 추락할 것이다. 당신이 사랑하는 사람을 내려다보며 의사는 "최선을 다했습니다만, 어쩔 도리가 없었습니다"라고 침울하게 말할 것이다. 약혼녀가 성추행을 당한 사실을 알게 된 청년은 "우리가 결혼하는 게 하나님의 뜻이 아닌가 봅니다"라고 말할 것이다. 철석같이 믿었던 교회 리더가 바람을 피웠다는 사실이 밝혀질 것이다.

우리는 하나님께 뭔가 조치를 취해 달라고 요구하며 원망한다. 그러나 하나님은 동요하지 않으신다. 우리가 그분을 잔인하고 무심한 존재로 여기기 때문에 몹시 슬퍼하시지만, 여전히 그분이 정한 길로 묵묵히 행하신다. 하나님은 이미 마지막 장까지 써 놓은 이야기책이 너무나 행복한 결말로 끝난다는 것을 아시기에, 줄거리를 바꿀 의향이 전혀 없으시다. 그 행복한 결말로 가기 위해 우리 이야기의 씨줄과 날줄이 다 필요하다.

고통 가운데 하나님께 분노할 때, 하나님은 그분이 사신 것처럼 살라고 말씀하신다. 남에게 베풀고, 소유가 아니라 존재로 살며, 예배자로 살라고 초청하신다. 내게 일어나는 일에 하나님이 냉담하고 무관심하다고 느낄 때, 하나님은 말씀하신다. "와서 나를 찾아라. 문제가 해결될 때까지 기다리지 마라. 나를 알기를 힘써라. 네 영혼이 가장 큰 만족을 누릴 것이다."

그러면 나는 얼른 받아친다. "하지만 하나님, 제가 정말 원하는 건 당신을 아는 게 아닙니다. 아직도 모르시겠어요? 지금 제 삶에 벌어지는 일들을 견딜 수가 없다고요. 안나를 봐요. 불쌍하지도 않으세요? 엉망진창인 그녀의 삶을 어떻게 손 좀 써 주셔야죠. 저라면 그런 상황을 한 시간도 못 견딜 거예요."

하나님은 대답하신다. "내가 얼마나 선한 존재인지를 알면 어려움을 견딜 수 있다. 너는 네 식대로 나의 선함을 입증하라고 하는구나. 하지만 네 요구를 들어주면 너는 날 신뢰하지 않을 것이다. 오히려 나를 네 소유물로 생각하겠지. 너의 궁극적인 행복을 위해서, 문제 해결보다 더 중요한 일을 나는 할 것이다. 내가 너를 위해 예비해 둔 더 나은 본향으로 너를 데려갈 때까지 문제는 여전히 남아 있겠지만, 너는 내가 무한히 선하다는 걸 깨달아 나와의 사귐을 흠뻑 누리게 될 것이다."

그리스도인으로 살다 보면 대답 없는 질문들이 생길 때가 있다. 언젠가 나는 그런 주제로 설교한 적이 있다. 설교 후에 은퇴한 목사님 한 분이 나를 찾아오셨다. 키가 작고 마른 분이었는데, 말씀하시는 것을 보니 생각이 명쾌하고 열정적인 분이었다. 그분은 내 어깨에 손을 얹고, 인자하면서도 형형한 눈빛으로 이렇게 말씀하셨다. "내 나이가 지금 여든일곱이오. 4년 전에 집사람을 먼저 보냈지요. 그때만큼 힘든 때도 없었어요. 나는 하나님께 애걸했죠. 고통을 없애고 끔찍한 외로움을 달래 줄 하나님의 임재를 느끼게 해달라고요. 하지만 하나님은 그렇게 안 하시더군요. 대신 하나님의 선하심을 맛보게 해주셨지요. 장차 천국에서 누릴 걸 잠깐 맛본 셈이죠. 그 나라에 갈 때까지 이제 나는 만족합니다."

목사님이 아침마다 식탁에서 느낄 영혼의 고독을 나는 상상도 못하겠다. 지금도 마음은 아프겠지만, 문제를 통해 하나님을 발견하는 길로 나아가신다. 하나님도 목사님께 자신을 보여주셨다. 목사님은 고통 가운데서도 계속 의미와 기쁨을 누리며 살고 있다.

하나님은 정말 선하신가

하나님은 정말로 선하신가? 인생에서 우리가 던지는 질문, 때로는 악을 쓰며 소리치고 싶은 모든 질문의 배후에는 이 의문이 깔려 있다. 신문지상에는 연일 기아에 허덕이는 아이들과 고문당하는 사람들의 사진이 실린다. 그런 지면은 얼른 넘기고 싶다. 스포츠 기사나 시사만평만 보고 싶다. 이 불쌍한 사람들에게 아무것도 해주지 않는 하나님이 바로 나와 내 가족의 삶을 주관하는 하나님이라는 것을 믿고 싶지 않다.

예수님의 말씀은, 내가 정말 경험하고 싶지만 할 수 없는 것을 놀리기라도 하듯 조롱조로 느껴질 때가 있다. 예수님은 "담대하라"고 말씀하신다.

"왜요, 주님?" 내가 대답한다.

"내가 세상을 이겼노라"고 예수님이 대답하신다.

"하지만 아프리카를 보세요. 필리핀에 사는 제 친구들을 보세요. 안나와 저를 보세요! 세상을 이기셨다니, 그게 도대체 무슨 말씀이세요? 세상은 엉망진창이잖아요!"

"내가 선하다는 증거를 주변 세상과 네 속에서 찾으려 하면, 완전히 잘못된 결론에 도달할 것이다. 내가 때로는 선하고, 때로는 선하지 않다는 결론이 날 것이다. 하지만 장차 이루어질 일에 근거해서 증거를 찾는다면, 내가 그날을 준비하고 있음을 믿는다면, 나의 선함을 반박할 수 없을 것이다. 내 죽음의 의미를 깨닫는다면, 세상에서 벌어지는 모든 불행에도 불구하고―안나의 남편과 네 문제와(네가 친구한테 털어놓기 전에 나는 이미 알고 있었지만), 소말리아에서 기아에 허덕이는 아이들에도 불구하고―나의 선함을 반박할 수 없을 것이다."

"너는 나의 선함을 확신하는 만큼 나처럼 살 수 있을 것이다. 나는 십자가에 달려서도 나보다 남을 돌보았다. 나를 변호하지도 않았다. 다만 내 아버지에 대한 사랑과 그분의 계획에 헌신한 마음을 표현했을 뿐이다. 그리고 나는 절대로 예배의 원칙을 범하지 않았다. 너도 해결되지 않은 문제 속에서 그런 일들을 해나갈 수 있단다."

거룩한 구조 세우기

그 말씀이 마음을 파고든다. 그럴 때는 그리스도를 발견하고 그분을 닮아가는 것보다 중요한 일이 없는 것 같다. 베푸는 마음이 이기심을 누를 때, 있는 모습 그대로의 나 자신에 만족한다. 의심은 사라지고 하나님의 선하심을 확신하며 예배하는 마음이 충만할 때, 흉악한 타락의 구조는 약해지고 기울어져 마침내 무너진다. 내가 원하는 대로 인생이 돌아가야 한다며 고개를 처들던 문제들도 서서히 수그러든다.

그리고 거룩한 구조가 나타난다. 순전함, 견고한 정체성과 목적의식을 느끼고, 남들이 나를 어떻게 볼까에 별로 신경 쓰지 않는다. 그런 순간을 좀 더 깊이, 자주 경험하려면 어떻게 해야 하는가? 우리 삶에 그런 일이 일어나려면 어떻게 해야 하는가?

기도, 말씀 읽기, 신자들과의 교제, 봉사는 필수 사항이지만, 그것만으로는 부족하다. 이런 활동이 하나님을 만나는 기회가 되지 못하면 아무짝에도 쓸모없다. 만병통치약 같은 "상담"으로도 불충분하다. 그런 일이 일어나려면, 절대로 조작할 수 없고 오직 신뢰해야 하는 초자연적인 자원이 필요하다.

불편하면서도 매혹되는 대화

문제를 통해 하나님을 발견하려면 공동체를 새롭게 이해하고 기꺼이 소속

되는 용기가 필요하다. 서로 이야기하는 법을 배우되, 우리가 얼마나 조작적이고 방어적이며 자기본위인지를 드러냄으로써 마음이 불편할 정도로 솔직한 대화를 해야 한다. 또 우리를 매혹해 선한 영향력을 끼치고, 자신만의 독특함을 누리며, 무슨 일이 생기든 하나님의 선하심 안에서 푹 쉬게 해주는 대화여야 한다.

공동체로 움직이다 보면, 해결 불가능해 보이는 긴장과 압박감이 생기기도 한다. 그래도 계속 공동체에 속해 있다 보면, 하나님을 발견할 기회는 얼마든지 있다. 뒤로 물러나 피상적이고 안전한 잡담만 하면 안 된다. 계속 이야기를 해야 한다. 우리가 하는 말은 중요하며, 그런 말을 통해 부끄러운 나의 진실이 드러나야 한다.

풍성한 대화 속에는 늘 이야기가 있다. 우리의 삶은, 열정적이면서 관계와 목적을 지향하는 부패한 인간이 어떻게 인생을 꾸려 가는지를 보여주는 한 편의 드라마 같은 이야기다. 그 속에는 우리가 얼마나 남을 이용하고, 자기방어에 급급하며, 자기만 떠받드는 자들인지를 보여주는 슬픈 사연도 늘 섞여 있다. 우리의 타락한 구조 때문이다.

하지만 우리 이야기 속에는 지울 수 없는 주님의 낙인이 찍혀 있기에, 고귀한 염원이 담긴 이야기도 들어 있을 것이다. 보통은 눈에 띄지 않는 지엽적인 줄거리 속에 끼어 있지만, 그래도 부정할 수 없는 염원이다. 선한 열망이 악한 열망에 짓눌려 있든, 완전히 풀려나와 우리를 이끄는 원동력이 되든, 그 힘의 근원이 하나님의 선하심을 믿는 확신에 의거하지 않으면 아무 의미가 없다.

이야기를 할 때는 말하는 사람이나 듣는 사람이나 모두, 하나님을 의심하는 한 영혼이 자기 정체성을 찾기 위해 분투하는 소리를 들어야 한다. 사람을 자유롭게 하셔서 남에게 베풀고, 존재하고, 예배하도록 역사하시는 하나님을 절실히 찾아야 한다. 일반적으로, 하나님을 더 깊이 깨닫게 하는 대화들은 먼저 무너뜨린 다음 매혹한다.

대부분의 대화는 유쾌한 대화("안녕하세요?", "어떻게 지내세요?"), 기능적인 대화("저를 공항까지 태워다 주실 수 있나요?"), 또는 중요한 대화("이 반갑잖은 소식을 어떻게 처리해야 할지 당회에서 의논합시다.") 중 하나다. 경험이 부족한 상담가가 일상적인 대화를 갑자기 전문 상담처럼 이끌어 갈 때처럼 불편한 경우도 없다. 상대방이 원하지도 않는데 동기를 파고들면서 심각한 표현을 쓰기 시작하면, 유쾌하고 기능적이고 중요한 대화가 깨진다.

하나님, 타인, 그리고 자기 자신과 맺는 관계의 질을 이야기할 때, 좋은 공동체 안에는 늘 의미 있는 순간이 있다. 누구나 자기를 알아주고 보살펴 주는 친구들이 있다. 그들은 대답 없는 질문들을 끌어안고 솔직하게 씨름하며 살아가는 친구들이다. 그런 친구에게는 조금 불편하더라도 자기를 깊이 노출하는 용기가 필요하다.

좋은 친구와 점심식사를 하다가, 갑자기 아들 문제를 이야기하고 싶은 생각이 들 때가 있다. 그때는 먼저 그 친구에게, 당신의 집안 문제를 들어줄 의향이 있는지 물어보라. 그리고 이야기를 할 때는 아들의 문제점보다 당신이 아들을 어떻게 대하는지를 중심으로 말하라. 비판적인지, 위압적인지, 아니면 아들에게 너무 휘둘리는지 말이다.

상대방이 자기 이야기를 할 수 있도록 배려하라. 기억을 되살리는 질문을 던지고, 특별한 감정이 배어 있을 만한 상황은 자세히 물어보라. "수

술을 마치고 입원실로 들어갈 때 기분이 어땠어요?" "부모님이 이혼하신 다고 할 때 어떤 생각이 들던가요?" "새로운 직장이 생겼을 때 누구한테 가장 먼저 알리고 싶었나요?" 등등.

좋은 대화는 때로 사람을 불편하게 한다. 목소리가 격해져서 상대방을 긴장시킨다. 친구의 야멸친 말, 부모님의 무심한 태도에서 받은 상처가 묻어나기 때문이다. 좋은 대화는 편안한 관계 저변에 숨은 두려움과 분노를 들추어낸다. 관계의 기반이 허물어졌음에도 예수님 때문에 그 관계를 지속해 본 적이 없다면, 진정으로 든든한 관계를 세운 것이 아니다.

솔직한 자기 이야기

나의 경험담을 통해 앞으로 남은 몇 장에서 다루려는 내용을 예시하겠다. 그 내용이란, 솔직하게 자기 이야기를 하는 공동체 속에서 하나님을 발견하는 과정이다.

나는 동료 여섯 명과 함께 일한다. 서로 좋아하고 존중하지만, 그래도 모두 불완전하고 가끔은 변덕스럽고 괴팍하기도 한 남자들이다. 하나님을 사랑한다고는 하지만, 아직도 타락한 충동을 제대로 다스리지 못할 때가 있다.

우리는 일주일에 한 번, 두 시간씩 회의를 한다. 최근에 나는 견디기 힘든 부담에 짓눌린 채 회의에 참석했다. 분노와 좌절감이 엄습했다. 회의석상에서는 내 문제를 덮어 두기로 했지만, 동료들은 내 기분을 금방 눈치 챘다.

그래도 서로 모른 체했다. 감히 내게 물어보는 사람도 없었고, 충고나

위로도 하지 않았다. 나도 부담감에 눌리고 있다는 사실을 굳이 내놓고 말하지 않았다. 마음을 열고 나눌 생각이 없었다.

우리는 시간을 때우느라 부심했다. 사업 계획도 다루고 의견도 개진하고 농담도 오갔지만, 내 기분으로 야기된 불편한 분위기는 아무도 거론하지 않았다. 회의 끝머리에 나는 실제적인 논의가 별로 없는 무의미한 회의는 더 이상 참석하고 싶지 않다고 선언했다. 다음 회의 때 다룰 구체적인 사안이 있는 사람은 메모로 미리 알려 주고, 신속한 진행을 위해 미리 준비해 오라고 지시했다. 안 그러면 다음주에는 회의가 없을 것이라고 했다. 그리고 이렇게 말을 맺었다. "일 없이 모이느니 차라리 잠이나 더 잡시다."

회의실을 나가는 사람들 사이에 무거운 긴장감이 흘렀다. 모두들 잔뜩 골이 났다. 나는 한편 기분이 상하고(내가 어떤 상태인지 관심 갖는 사람이 한 명도 없다니), 한편 자기의에 빠졌다(자고로 회의란 투자한 시간만큼 건지는 게 있어야지). 화가 끓어올라 잠시 멍했다.

밤이 되자 다 걷어치우고 싶다는 생각이 들었다. 낮에 느꼈던 분노가 악화되어 허무감이 몰려왔다. 동료든 누구든 같이 일한다는 것이 의미가 없었다. 그들은 좋은 사람들이고, 더 좋은 사람들을 찾기도 쉽지 않다는 것은 잘 알았지만, 우리 사이에는 공동체 의식이 없었다. 내 탓도 일부 있었지만, 그들 탓도 있었다. 하지만 나는 문제도, 해결책도 정확히 규정할 수가 없었다. 화가 나는 데 대해서는 할 말이 있었지만, 그것은 이미 말한 터였다. 관계로 인한 어려움이 대부분 그렇듯이, 문제를 떠벌려 봐야 소득이 없었다. 만사가 절망스러웠다. 다 그만두고 싶었다.

이런 생각에 마음이 산란한 채로 잠자리에 들었다. 잠을 이룰 수가 없었다. 뒤척거리다 기도를 했다. 하나님을 맛보게 해달라고, 하나님의 임재를 느끼게 해달라고, 사명감과 의욕을 회복해 달라고 간절히 빌었다.

하지만 응답이 없었다. 하늘은 침묵만 지켰다. 지금 생각하니, 성령께서는 나의 교만을 탄식하셨던 것이다. 내가 형제들에게서 고립되는 것을 자꾸 합리화하는 한, 하나님은 자신을 드러내지 않으실 것이다. 하나님을 발견하는 것과 믿음의 교제 가운데 사는 삶은 연결되어 있다. 아무리 간절히 기도하고, 정성껏 금식하고, 몇 시간씩 말씀을 읽어도, 관계상의 갈등을 무시하면 하나님은 자신을 나타내지 않으신다. "그의 형제를 사랑하는 자는 빛 가운데 거하여 자기 속에 거리낌이 없으나 그의 형제를 미워하는 자는 어두운 가운데 있고 또 어두운 가운데 행하며 갈 곳을 알지 못하나니 이는 어두움이 그의 눈을 멀게 하였음이니라"(요일 2:10-11).

며칠 후 동료 한 명이 다음 회의에서 다룰 사안이 있다고 알려왔다. 나는 참석하고 싶지 않았으나 내가 제시한 모임의 조건을 충족했으므로, 어쩔 도리가 없었다. 그래서 참석했다. 동료들도 아픈 사람 한 명만 빼고 다 참석했다. 아픈 사람이 부러웠다.

발표자가 토의 사안에 대한 설명을 끝내자, 나는 그에게 혹시 나를 밀어내려는 것이 아니냐고 물었다. 발표 내용에 그런 동향이 엿보인다고 말했다. 그리고 다른 두 명에게도, 나의 사역과 병행하는 그들의 사역에 모종의 경쟁 관계가 느껴진다고 말했다.

내가 폭탄선언을 하고 있다는 것은 나도 알았다. 그런데 폭탄을 던지자마자 급한 전화가 걸려와 나를 찾는 바람에 회의는 그렇게 끝나고 말았다.

우리는 닷새 후에 다시 모였다. 서로 감정을 터놓고 이야기하기로 했다. 이것을 나는 **현재 이야기**라고 부른다. 처음에는 눈에 보이는 갈등을 이야기하다가, 나중에는 우리 각자가 관계 맺는 유형이 어떻게 상대의 감정을 자극하는지에 대한 대화로 이어졌다.

나와 경쟁 관계로 느낀 동료 한 명은, 내가 자신을 철저히 이용했다고 말했다. 그가 그렇게 느끼는 것을 나는 전혀 몰랐고, 나의 어떤 행동이 그런 느낌을 주는지도 몰랐다. 한참 동안 주거니 받거니 대화가 이어졌다. 마침내 내 행동을 변호만 하던 마음 저변에서 뭔가가 끓어올랐다. 나는 이 형제를 사랑했다. 그런데 그에게 상처를 주었다. 그 사실을 인정하자 속에서 깊은 탄식이 새어 나왔다. 내 안에서 뭔가가 변화되었다. 그에게 잘해 주고 싶다는 생각밖에 안 들었다. 그런 마음을 말로 표현했다. 기뻤지만, 완전한 기쁨은 아니었다.

그를 제대로 사랑하고 싶다는 생각이 물꼬를 트자 더 깊은 속마음이 드러났다. 나는 친구를 이용할 의도가 전혀 없었으므로, 그가 나를 신뢰하지 못했다는 사실이 마음 아팠다. 외롭고 절망스러웠다. 그 마음을 말로 표현하면서, 나는 **속마음 말하기**를 시작했다. 한번도 얻지 못한 것을 갈구하는 한 남자의 이야기였다. 이런 식으로 표현했다. "나를 중요하게 여기는 사람은 많은데, 나를 좋아하는 사람은 별로 없는 것 같습니다."

그러자 다른 동료 한 명이 내 속마음을 더 깊이 파고드는 말을 했다. 그가 지금까지 들은 말 중에 가장 중요시하는 문장이 열 개 있는데, 내가 한 말이 그중 다섯 개라는 것이었다. 나는 너무 고통스러워 몸을 떨며 말했다. "그게 문제랍니다. 남을 돕는 능력이 있다고 인정은 받지만, 즐거운 시간을 함께 보낼 사람으로 생각해 주지는 않는다니까요."

그 말을 하고 나니 서운한 기억이 홍수처럼 밀려왔다. 나만 초대받지 못한 파티가 있었다. 내가 자기들의 결혼생활을 구제해 주었다며 고마워하던 부부가 마련한 파티였는데, 지인들은 다 초대받고 우리 부부만 빠졌다. 왜 그랬을까? 또 있다. 내 상담 수업을 받던 학생들 앞에서 근사한 상담 실습을 보여준 적이 있다. 그런데 상담이 끝나자 수십 명의 학생들은 피상담자에게만 우르르 몰려갔고, 나는 무관심 속에 기진맥진한 채 외롭게 강의실을 걸어 나와야 했다.

하지만 쓰라린 외로움에 짓눌린 그 순간에도 이상한 희열이 솟구쳤다. 내가 존재한다는 느낌, 살아 있다는 느낌이라고밖에 달리 표현할 길이 없다. 나는 존재한다. 진솔한 사람이라면 누구나 그렇듯이, 비록 타락한 세상에서 외롭게 살아가지만, 나는 뭔가 줄 것을 가진 살아 있는 존재다. 어떤 고통이나 상처도 그것을 앗아 갈 수는 없다. 기적 같은 은혜 덕분에 나는 외로움을 해소하는 수준을 넘어서서 더 지고한 목적에 헌신하며 살아갈 수 있다. 약점과 상처를 담담히 직시하고, 가끔씩 느끼는 사랑에 감동받기도 한다.

하지만 그것으로는 불충분하다. 앞으로도 그럴 것이다. 동료들도 내 고통을 느꼈다. 그들의 눈빛에서 연민의 정을 느꼈다. 이심전심이었다. 하지만 그런 풍성한 일체감 속에서 우리는 새로운 사실을 깨닫기 시작했다. 어차피 우리가 서로 베푸는 사랑은 불충분하다는 사실이었다.

그런 인식은 **가장 깊은 속이야기**로 이어진다. 우리는 나를 능가하는 더 큰 목적이 필요하다는 사실 앞에 잠잠할 수밖에 없었다. 선명하게 펼쳐진 그 큰 그림에 비교하면, 우리의 무거운 짐과 시기심은 매우 사소해 보였다.

우리의 이해를 넘어서는 훨씬 큰 이야기를 해주실 분, 그 광대한 목적 앞에서 다른 목표는 전부 모래알처럼 작아 보이게 하는 분, 그래서 우리도 미해결된 문제를 뚫고 앞으로 나아가게 해주는 분과의 사귐이 꼭 필요했다.

우리는 하나님 이야기를 하기 시작했다. 다른 주제는 전혀 중요하지 않은 것 같았다. 우리의 왜소함 앞에서 오히려 희망에 부풀었다. 회의실에 예배의 분위기가 감돌았다. 우리는 하나님의 감동하심을 느꼈다. 그렇게 한참을 예배의 향기에 흠뻑 취한 뒤 모임을 마쳤다. 몇몇 안건도 처리했다. 심각한 긴장 상태도 있었고, 완전히 해결된 것도 아니었다. 하지만 헤어질 때가 되자, 우리는 서로에게 자신을 내어주고, 그리스도의 몸된 지체에 기여하고, 우리를 뛰어넘는 그리스도의 영광을 위해 살고 싶다는 새로운 열망을 느꼈다.

우리는 서로 실패하고 상처 준 **현재의 이야기**를 하다가 결국 마음이 열려 **자기를 내어주고 싶은 열망**을 경험했다. 실망과 외로움으로 점철된 속이야기를 하는 고통 가운데 결국 **존재하고 싶은 열망**을 경험했다. 그리고 우리는 누군가의 강한 팔에 안겨 쉬고 싶은 **가장 깊은 속이야기**를 하다가 결국 예배를 경험했다.

거룩한 열망 키우기

하나님을 알고 싶은 열망 때문에 하나님을 탄식하게 하거나 마음 아프게 하는 것을 끔찍하게 싫어하는 자들이 있다. 하나님은 그런 자들에게 자신을 나타내신다. 그들은 하나님께 꾸중들을까봐 그렇기도 하지만, 그보다는 하나님과의 친밀감을 너무나 갈망하기 때문에 그런다. 우리가 하나님, 그리고 남들과 관계 맺는 방식이 부족하다는 것을 깨닫고 변화를 갈망할 때, 거룩한 열망이 자란다. 우리가 하나님의 임재 앞에서 서로의 이야기를 하되, 하나님이 허물고 다시 세우실 것을 기대하며 열린 마음으로 말할 때, 우리를 지배하던 악한 열망이 폭로되고 잠들어 있던 선한 열망이 기지개를 켠다.

우리가 나누는 **현재의 이야기**는 선한 하나님이 부재한 세상에서 살아남으려는 우리의 단호한 의지와, 실망스러운 사람들로 가득한 세상에서 우리가 관계 맺는 방식을 드러낸다. 그리하여 자기를 둘러싼 단단한 껍질을 깨닫고 그것을 깨뜨린다. 그리고 상대방 위주로 서로가 의미 있게 연결될 수 있다는 가능성에 매혹된다.

우리가 **속이야기**를 할 때, 즉 하나님이 안 되면 사람들이라도 우리를 도와주기를 기대하고 그렇게 도와주지 않는 그들을 미워했던 이야기를 할 때, 우리는 깊은 두려움으로부터 자신을 보호하려 했던 완고함을 깨닫고 그것을 붕괴시킨다. 그리고 공동체 속에서 꾸밈이나 방어의식 없이 살고 싶다는 갈망에 매혹된다.

우리가 **가장 깊은 속이야기**를 할 때, 즉 하나님의 선하심을 의심하고 하나님이 우리 문제를 해결해 주지 않는다고 두려움과 분노에 떨었던 이야기를 할 때, 우리는 깨닫는다. 하나님의 사랑을 의심하는 것이 얼마나 말도 안 되는지, 우리가 얼마나 하나님을 신뢰하고 싶어하는지, 하나님을 나쁜 분으로 여기는 것이 얼마나 힘들고 사악한지를 말이다. 그리고 건전한 수치심을 느낀다. '나는 하나님의 선하심을 믿느냐'가 문제의 핵심임을 깨달을 때, 마음속에 이미 숨어 있던 믿음의 기초를 발견한다.

최근에 친구가 한 말이 생각난다. "사는 게 힘들어지면 나는 화가 나서 하나님은 나쁜 분일 거라고 생각하곤 했지. 하지만 내가 정말 그렇게 생각하나 곰곰이 따져 보면, 정말로 그렇다고 믿지는 않는다는 걸 깨닫게 돼. 왠지는 모르지만, 하나님께 화를 내다 보면 힘이 불끈 솟거든. 하지만 하나님이 정말 선하신 분이라고 인정할 때는 마음에 깊은 평화가 찾아와."

좋은 대화는 신비롭고 유연한 속성이 있다. 그런 대화가 기계적이고 방법론적인 접근법으로 전락할 위험을 무릅쓰고, 아래에 간단한 도표를 제시해 보았다.

	불편하게 함	매혹함
현재 이야기 (사람들에게 접근하기)	자기중심성 완고함 무감함, 자비심 결여 조작적인 태도, 자기중심성	베푸는 마음 영향력, 축복, 나의 것으로 남의 유익을 추구함, 남이 잘되기를 바람
속이야기 (고통에 대한 해결책)	자기보호 생존의 결의를 다짐, 방어적 태도, 의존성, 내적인 능력을 활용해서 고통으로부터 자기를 보호함	존재와 성장 존재로 만족하는 용기, 자기만의 독특성을 발견해서 그것을 선한 목적을 위해 사용함
가장 깊은 속이야기 (하나님에 대한 태도)	자기를 섬김 진실을 겁내고 미래를 두려워함, 더 나은 삶을 보장해 주지 않는 하나님께 분노함, 하나님의 선하심을 의심	예배 하나님의 선하심에 의거해서 살아가는 용기, 하나님을 신뢰하고 그분께 속함으로 친밀감을 누림

인생 이야기를 하려면 용기가 필요하다. 너무도 자주 휘둘리는 악한 열망

들을 드러내려면 겸손해야 한다. 그리고 우리가 남의 인생에 선한 도구로 사용되기를 얼마나 원하는지, 우리에게 안식을 줄 근원을 얼마나 갈망하는지를 알 때, 하나님을 더욱 알고 싶다는 강한 욕구가 생긴다. 자기 이야기를 함으로써 하나님의 선하심을 믿기로 작정해야 한다. 추한 갈망이 보일 때에는 하나님의 은혜를 의지해야 한다. 가장 깊은 마음속에 있는 실망감까지도 하나님께 내어드림으로써, 결국은 자신을 나타내실 하나님을 신뢰해야 한다.

20장
붕괴시키고 매혹하는 이야기

우리네 삶은 반복적인 일과와 의무투성이다. 아침 6시 30분이면 어김없이 아침을 먹고, 매달 한 번씩 공과금을 내고, 매주 화요일 늘 같은 친구와 점심을 먹는다. 먹고 자고 씻고 출근하고 일하고 잡담하고 퇴근하고 신문보고 TV 보고 놀고 쉰다. 주일이면 교회에 가고, 구역예배 드리고, 기도하고, 복음성가 듣고, 기독교 서적을 읽는다. 어떤 이들은 따로 성경 연구 시간을 갖기도 하고, 주일학교 교사로 봉사하기도 하며, 안 믿는 친구에게 예수님을 전하기도 한다. 주님을 섬기기 위해 시간과 돈을 투자한다.

하지만 진정한 대화를 하는 사람은 별로 없다. 물론 많은 말을 주고받는다. 열띤 논쟁도 벌이고, 뒷말도 수군대고, 사랑의 언어도 말하고, 신앙적인 대화도 한다. 하지만 차분히 앉아 남의 이야기를 들어주는 경우는 별로 없다. 몇 달 동안 통틀어 열 시간 넘게 충분히 남의 이야기를 들어주는 경우는 흔치 않다. 어쩌다 서로 이야기를 한다 해도 그저 더 친해지기 위해서지 하나님을 발견하기 위해서가 아니다. 상대방이 듣고 싶어할 것이라고 예상하는 이야기, 또는 자기가 얼마나 괜찮은 사람인지를 드러내는 이야기를 주로 한다. 하지만 그리스도를 더 깊이 알고자 서로의 이야기를 나눈다면, 우리의 이야기는 달라질 것이다. 훨씬 낯부끄럽고 훨씬 겸허해지고 훨씬 떨리는 이야기가 될 수 있다.

심리 치료 그룹과 자가 치료 모임에서는 이야기가 길어지더라도 솔직하게 말하라고 권한다. 왜곡된 삶을 제대로 펴 주고 잘 들어주는 습관을 기르기 위해서다. 하지만 그런 이야기는 하나님의 계획에 자신을 맞추기보다는 만족한 삶을 사는 데 훨씬 많은 관심을 두기 때문에, 허파에 바람만 잔뜩 들어간 자아도취자들을 양산하기 일쑤다.

기독교 공동체에 속한 우리는 하나님을 발견하기 원하므로, 수치심과 비난을 무릅쓰고 자기 이야기를 해야 한다. 물론 성경도 꾸준히 읽고 성경 공부도 열심히 해야 한다. 함께 모여 예배도 드리고 봉사도 해야 한다. 주님의 사역에 아낌없이 헌금하는 자세도 필요하다. 불신 세상에 예수님도 전해야 한다. 그러나 이와 더불어 서로 자기 이야기를 하는 법을 배워야 한다.

현재 이야기

우리는 먼저 현재 이야기를 해야 한다. 현재 내가 맺는 관계들, 특히 그 관계들 속에 교묘하게 배어 있는 자기중심성을 드러내야 한다. 당신이 던지는 농담과 비판, 견해, 또는 침묵의 저변에 깔린 자기중심적 동기를 살펴보라. 상대방이 당신에게서 어떤 영향을 받는지 물어보라. 남들과 관계를 맺을 때 어떤 부분에서 자기본위인지 솔직히 살펴보라.

한번은 내 농담 때문에 친구가 무척 곤혹스러웠다고 한다. 그의 약혼녀 앞에서 '친구'라는 명목으로 놀린 것이 그를 무안하게 한 것이다. 나는 때로 불안 심리를 감추려고 농담을 한다는 것, 그런 식으로 관심을 끄는 행동이 남에게 상처를 준다는 것을 인정해야 했다.

친절하고 너그럽게 보이려고 남에게 칭찬을 잘하는 사람도 있다. 남들이 생각하는 만큼 자기가 이기적이지 않다는 것을 보여주려고 그럴 수도 있다. 그런가 하면 따뜻한 대우를 못 받을까봐 지레짐작으로 자기도 따뜻한 말 한마디 하지 않는 사람도 있다.

이렇게 관계 맺는 방식 속에 있는 자기중심적 요소를 직시하고 하나님의 사랑의 잣대로 판단하면, '이게 아닌데' 하는 느낌이 들 것이다. 그런 느낌이 들 때 "나는 자신에게 너무 엄격해. 나를 좀 다독여 줄 필요가 있어. 이런 생각은 도움이 안 돼"라고 생각하며 그 느낌을 떨쳐 버릴 수도 있다. 그러지 말라. 그것은 선한 느낌이다. 물론 그 느낌이 죄책감과 수치심으로 오염되었을 수도 있지만, 그래도 분명히 선한 느낌이다. 더 높은 차원의 삶을 촉구하는 내면의 도덕심이 당신 안에 갇혀 있는 것이다. 당신이 어떤 사람이든, 어떤 학대나 큰 일을 겪었든, 당신은 이타적인 관계를 맺고 살도록 부름받았다.

그 불안한 죄책감을 통로로 해서 오히려 당신의 고귀한 갈망을 일깨우라. 숨 쉬지 않고 살 수 없듯이, 우리는 사랑으로 연결되지 않고는 살 수 없는 존재다. 그 본질이 자기중심성에 눌려 부패하고 훼손되긴 했지만, 타인과 연결되고 싶은 갈망은 늘 우리에게 내재한다. 그렇지 않으면 은혜도 받을 수 없다.

우리는 자녀 한 명 한 명과 이어지기 원한다. 심지어 우리 가슴을 찢어 놓는 자녀일지라도 그렇다. 그리고 분노와 상처로 얼룩진 캄캄한 마음속에서도 빛나는 갈망 한 조각을 찾아낼 수 있다. 우리를 혹독하게 학대한 사람이 회복되어, 밝고 거룩하게 살기를 바라는 갈망이다. (그 사람을 천국에서 만나더라도 실망하지 않을 것이다. 끔찍한 학대를 당한 사람이 진정으로 치유되려면, 가해자가 회복되기를 바라는 마음, 더 나아가서는 그 회복에 자신이 도구로 사용되기를 바라는 마음에까지 도달해야 한다.)

단단한 영혼의 각질이 찬양이나 설교로 녹아져서, 축복하고 결속되고 사랑하고 싶은 갈망이 흘러나올 때, 그 갈망을 실행할 힘이 당신에게는 없음을 깨닫고 놀랄 것이다. 그런 깊은 깨달음이 올 때 그리스도께 달려가라. 그분은 당신이 그분처럼 사랑하기를 바라신다. 그리스도를 더 알지 않으면 안 되겠다는 시급함을 느껴야 한다.

이렇게 자기중심성과 사랑으로 결속되고 싶은 열망(당신에게 상처 입힌 사람까지 포함해서)을 깨달으면, 더욱 마음을 다해 하나님을 찾을 것이다. 그리고 용서하시는 하나님, 힘 주시는 하나님을 알고 싶은 갈망 때문에 유혹도 더 잘 견디고, 성경 읽는 시간도 더 길어지며, 기도도 열심히 하고, 예배도 빠지지 않을 것이다.

속이야기

그 다음은 속이야기를 꺼낼 차례다. 아무 꾸밈없이 과거지사와 속마음을 살펴보라. 어린 시절 이야기도 해보라. 남 탓을 하거나 자아탐구를 위해서가 아니라, 실망스런 일들을 겪으면서 마음에 쌓인 혼란과 분노와 두려움을 인정하기 위해서다. 당신의 부모는 훌륭한 분들일지도 모른다. 하지만 더할 나위 없이 좋은 부모도 자식에게 실망을 주기 마련이다. 대체로 가장 깊고 아픈 상처는 부모에게서 받는 경우가 많다.

십계명의 뒷부분 여섯 계명은 인간관계와 관련된 계명이다. 그중에 부모를 공경하라는 계명이 제일 먼저 나오는 것은 우연이 아니다. 배우자, 자녀, 친구와의 관계보다 부모와의 관계를 먼저 언급한 이유는 무엇일까? 어쩌면 부모를 제대로 공경하는 사람이라면, 여타의 관계도 제대로 맺을 준비가 된 사람인지 모른다.* 사람이 하나님의 선하심을 믿지 못하는 가장 큰 요인은, 마음 약하고 상처받기 쉬운 아이 시절에 부모에게 너무 실망했기 때문인지도 모른다.

당신의 영혼 속에서 오래전에 시작되어 아직도 진행중인 상처와 분노와 두려움을 인정하라. 그런 감정을 선한 목적에 이용할 수 있는 적으로 여겨 환영하라. 특별히 힘들거나 기뻤던 추억, 너무 강렬해서 잊을 수 없는 일들을 반추해 보라. 좋은 친구 서너 명에게 그런 추억을 이야기해 보라.

전에는 느껴 본 적 없는 강렬한 감정에 사로잡힐 것이다. 그중에 어떤 감정은 추하기도 할 것이다. 그 추한 감정의 근원은 남들이 당신을 홀대했기 때문이 아니라, 당신이 그들에게 좋은 대우를 요구했기 때문임을 기억하라. 그렇게 요구했다는 점을 인정하고, 그런 요구에 부응하지 않는 사람들을 얼마나 미워했는지도 솔직히 인정하라. 그들에게 실망하면서 자신이 좋은 대우를 받을 가치가 없는 존재라고 자책하지는 않았는지 생각해 보

* 이 생각은 내 친구이자 콜로라도 덴버 시에 있는 풋힐즈 성경 교회의 담임 목사인 빌 오두몰론의 통찰력에서 얻은 것이다.

라. 그랬다면 지금 당신은 스스로를 무척 미워하고 있을 것이다.

더 이상 고통받지 않고 그나마 남은 자존심을 지키려고 얼마나 힘들게 자기방어를 하며 살아왔는지 살펴보라. 그렇게 내면세계로 들어가 살아남겠다고 발버둥친 자신의 모습을 보노라면, 분노밖에 느낄 수 없을 것이다. 하지만 그렇지 않다. 뭔가 더 있다. 기를 쓰고 나를 보호하기보다, 그저 살아가고 휴식하고 할 일을 하면서 존재를 누리고 싶은 마음, 가장 깊은 차원에서 자신의 존재를 누리고 싶은 갈망을 보게 될 것이다. 우리는 진솔하고 평화롭고 행복하게 살기 원한다.

하지만 그렇게 살 수가 없다. 아등바등하지 않고 편한 마음으로 진정한 삶을 살려면, 너무나 많은 실패와 배척을 무릅써야 한다. 정신이 온전한 사람이라면 전쟁중인 도시 한복판을 어슬렁거릴 사람은 없을 것이다. 우리는 모욕의 총탄을 쏘아 대는 저격수들과 학대의 칼날을 휘두르는 자객들, 그리고 철석같이 믿었는데 등 뒤에서 칼을 꽂는 비밀 요원들로 가득한 세상에서 살아남아야 한다. 당신은 그런대로 잘 살아왔는지도 모른다. 아주 능숙하게 살아남아서 지금은 성공을 만끽하고 있을지도 모르겠다.

하지만 진정한 적—하나님에 대한 의심—은 여전히 매복 상태다. 그 의심은 남들이 뭔가 해주기를 요구하는 태도 속에 은밀히 교두보를 설치한다. 당신이 겪은 그 어떤 억울한 일보다도 하나님에 대한 의심이 가장 심각한 문제다. 이것이 모든 죄의 뿌리다.

그렇게 요구하는 태도를 들춰내다 보면 당신은 이제 좀 쉬고 싶다는 열망을 느낄 것이다. 만사를 책임지고 계신 분을 신뢰하기에 이제는 요구하지 않고, 다가올 위험에 대비해 늘 경계 태세로 살기보다는 안전감을 누리며 잠재력을 개발할 수 있기를 갈망할 것이다. 더 이상 안달복달하지 않고, 믿을 만한 피난처인 하나님 안에서 힘을 얻으며 살고자 할 것이다. **보호자요 해방자** 되신 하나님을 알고 싶은 욕구가 점점 커질 것이다. 당신은 더욱 힘을 다해 그분을 찾을 것이다.

가장 깊은 속이야기

이 정도 깊이에서 멈추는 사람들이 꽤 많다. 그들은 자기중심성과 결속의 갈망을 드러내는 현재 이야기, 방어적인 태도와 제대로 살고 싶은 열망을 드러내는 속이야기 이상으로 나아가지 않으려는 경향이 있다. 책임 있게 관계 맺는 법을 배우고 자신의 정서 구조를 잘 파악하면, 성숙한 사람이 될 것이라고 생각한다.

하지만 그렇지 않다. 현재 이야기나 속이야기에서는 문제의 핵심이 드러나지 않는다. 인생의 가장 깊은 속이야기를 해야 한다. 하나님에 대한 태도에 근거한 의심과 두려움과 분노의 이야기까지 꺼내야 한다.

다음 네 가지 사항은 그 이야기를 하는 데 좋은 길잡이가 될 것이다.

1. 하나님의 사랑이 당신의 삶을 어떻게 변화시키고 있는가?

하나님은 건강한 신체나 성실한 배우자, 순종하는 자녀나 적정 수준의 소득을 보장하지 않으신다. 그런 하나님이 당신을 보살피신다는 사실을 확신하고 그 품에서 안식을 누리는가? 혹은 당장 내일이라도 속수무책의 끔찍한 일이 일어날지도 모른다는 두려움에 시달리며 사는가? 당신 어머니가 알코올 중독자이고 당신이 세 번째 양아버지한테 학대받는 것을 하나님이 주권적으로 허락하셨을지라도, 그 하나님을 위로의 근원으로 삼고 있는가? 당장은 참기 어려운 고통을 당하고 있지만, 언젠가는 하나님의 선하심이 인생의 모든 악을 삼켜 버릴 것을 믿기에 고통 가운데서도 기쁨으로 살고 있는가?

2. 인생의 어려운 결정 앞에서 하나님의 도우심을 체험하고 감사하는가?
아무리 하나님이 우리의 인도자라 해도, 혼란한 상황에서 우리가 용기 있게 결정해야 할 책임까지 면제되지는 않는다는 것을 아는가? 당신이 해야 할 일을 하나님이 항상 구체적으로 분명하게 알려 주시지는 않는다는 것을 아는가? 이 점이 괜찮은가, 아니면 실망스러운가?

손상된 관계를 어떻게 회복해야 할지, 어떤 직업을 가져야 할지 막막할 때, 성경에서 하나님의 살아 있는 지혜를 발견하는가? 아니면 성경은 아무런 구체적 행동 지침도 말해 주지 않는다며 제쳐두는가? 어쨌거나 하나님은 늘 당신의 삶에서 역사하심을 믿고 안식하는가? 큰 결정 앞에서 하나님의 지혜를 구했던 친구가 엄청난 곤경에 빠지자, 시험에 들지는 않았는가?

3. 당신의 영혼에 아직 상흔이 남아 있다 해도, 치유하시는 하나님의 능력을 신뢰하는가?
하나님의 치유 능력을 믿고 안식하기보다, 먼저 상처를 치유해 달라고 요구하지는 않는가? 당신은 치유를 통해 남을 더욱 사랑하는 데까지 나아갔는가, 아니면 자기긍정과 한계선 긋기에 머무는 피상적 치유를 경험했는가? 계속되는 고통과 계속되는 죄 중에서 어느 것이 더 당신의 마음을 아프게 하는가? 치유와 죄의 용서 중에 무엇이 더 중요하다고 생각하는가?

상처 치유에만 급급해서 십자가를 대속의 은혜로 보기보다는 당신의 가치를 인정해 주는 상징으로만 생각하지는 않는가? 상처의 치유를 간구하다가 오히려 고통 가운데서도 사랑할 수 있게 변화시키시는 하나님을 만났는가, 아니면 고통만 줄여 줄 뿐 좋은 성품을 개발해 주지 못하는 아편 같은 거짓 우상을 만났는가?

4. 성적 쾌락, 자아 실현, 고통 해소보다 더 큰 갈망을 불어넣는 하나님을 맛보아 아는가?

죄는 생각도 안 날 만큼 잠시나마 하나님께 흠뻑 취해 본 적이 있는가? 당신이 이를 갈던 원수조차 불쌍하게 여길 만큼 하나님의 사랑을 체험한 적이 있는가? 핵심은 내가 아니라 하나님이라는 깨달음 때문에, 큰 상처를 입은 상태에서도 여전히 남을 돌보고 베푼 적이 있는가?

영광의 옷자락

위의 질문들은 아직도 당신의 영혼에 맴도는 하나님에 대한 의심, 분노, 두려움들을 드러내는 가장 깊은 속이야기를 하는 데 도움이 될 것이다. 당신이 인생을 얼마나 두려워하는지, 하나님이 당신을 고통에서 보호해 주시지 않을 때 얼마나 화가 나는지, 하나님의 선하심을 의심한 적이 얼마나 많은지를 인정할 때, 당신의 타락한 구조가 다시 한번 붕괴되는데, 이번에는 훨씬 더 많이 붕괴된다.

분노와 두려움과 의심이 네모라면, 사람의 영혼은 동그라미여서 서로 끼워 맞출 수가 없다. 우리는 사랑하고 안식하고 신뢰하는 존재로 지어졌다. 그래서 분노와 두려움과 의심을 인정할 때, 모종의 갈망이 솟아난다. 더 이상 내 힘으로 살고 싶지 않은 갈망, 경이로우신 그리스도께 흠뻑 취하고 싶은 갈망, 주 되신 그리스도를 알고 싶은 갈망이 솟아난다. 그때 당신은 온 맘을 다해 하나님을 찾는다는 것이 무슨 의미인지, 하나님이 그리스도 안에서 온전히 계시되었음을 믿고 그리스도께 나아온다는 것이 무슨 의미인지, 하나님은 자기를 간절히 찾는 자들에게 상 주시는 분이라는 말이 무슨 의미인지 알게 된다. 그리고 그런 순간에, 예측 못한 시간에 의외의 모습으로 임하시는 그분의 영광을 얼핏 보게 된다.

그 영광의 순간을 맛볼 때, 신비의 깊이가 더해진다. 나를 위해 변화되어 달라고 하나님을 설득할 목적으로 쓰려던 신앙 공식들이 시들해진다. 하나님은 철두철미 독립적이시며, 원할 때만 자신을 나타내신다. 하지만 이제는 그런 예측 불가능성이 오히려 기쁨을 준다. 왜냐하면 하나님을 보았기 때문이다. 당신은 이제 하나님이 어떤 분인지 안다. 하나님의 선하심을 알기에 이제는 선한 것이면 무엇이든 행할 분임을 믿는다. 그런 확신이 있는 한, 당신은 최악의 고난 속에서 평강을, 억울한 대우를 받아도 사랑하고 싶은 열정을, 가장 큰 슬픔을 덮는 더 큰 기쁨을 경험한다.

물론 여전히 두려움과 분노와 낙담으로 갈등한다. 하지만 하나님은 선하시고 죄는 악하며, 죄가 주는 위안은 잠시뿐이고 결국은 허망하다는 깨달음이 늘 있다. 더 인내하는 자신을 보게 된다. 울화가 치밀 때 제어한다. 기절초풍할 일을 만나도, 만사가 잘될 것이라 믿기에 담담하다. 주님께서

"담대하라. 내가 세상을 이기었노라"(요 16:33)라고 하신 말씀이 정말로 믿어진다. 세상의 모든 악을 합쳐도 하나님의 선을 이기지 못한다는 보장이 있기에 안식을 누린다. 결코 끝나지 않을 이 책의 마지막 장은, 삶의 전 영역에 골고루 미치는 하나님의 선하심에 관한 이야기다. 무엇과도 비교할 수 없는 연합의 기쁨, 이기심이 사라진 관계, 압박받지 않고 일하는 기쁨, 사고 없는 여행, 그리고 정말 **좋은** 시간을 함께 누리는 사람들이 터뜨리는 순수한 웃음소리…….

시련도, 억울함도, 슬픔도 절대로 없는 세상에서 하나님을 완전히 신뢰하며 산다는 것은 어떤 모습일까? 그리스도의 계명을 따름으로써 "주를 향하여 이 소망을 가진 자마다 그의 깨끗하심과 같이 자기를 깨끗하게 하느니라"(요일 3:3). 그리고 그 계명에 순종하는 자는 "나를 사랑하는 자니 나를 사랑하는 자는 내 아버지께 사랑을 받을 것이요 나도 그를 사랑하여 **그에게 나를 나타내리라**"(요 14:21). 우리는 문제를 통해 하나님을 발견해야 한다. "너희가 온 마음으로 나를 구하면 나를 찾을 것이요 나를 만나리라. 이것은 여호와의 말씀이니라. 나는 너희들을 만날 것이며"(렘 29:13).

21장
본향을 향하여

삶을 열심히 탐구하고 관계의 복잡성을 따져 보는 것은 옳은 일이다. 하지만 이런 모험은 마치 아이가 담쟁이덩굴로 뒤덮인 낡은 할아버지의 집을 탐색할 때처럼 해야 한다. 아이는 할아버지가 늘 앉아 계시는 환한 거실을 빠져나와 다락방 속의 수많은 벽장과 틈새와 구석을 탐색한다. 하지만 거실은 작전본부와 같아서 그리로 돌아가는 길을 잘 기억해 둔다.

오늘날 많은 그리스도인들은 영혼의 어두운 영역을 용감하게 탐사하지만, 영원한 하늘 아버지가 벽난로 옆에 앉아 자녀들을 무릎에 앉히고 이야기책을 읽어 주는 거실로 돌아가는 길을 잊어버렸다. 그들은 성적 학대와 다중인격 장애에 관해 말하면서 어른이 된 듯 착각한다. 거실에서 멀리 빠져나왔다는 반항아의 흥분감 때문에, 아직도 아늑한 불 옆에서 편히 쉬며 여리고 성이 무너졌다는 둥, 물맷돌로 거인을 때려눕혔다는 둥 하는 유치한 이야기를 듣고 있는 아이들보다 우월감을 느낀다.

인생의 문제들을 너무 깊이 생각하면 위험하다. 문제 속에 믿음으로 해결할 수 없는 요인들이 있어서가 아니라, 그리스도의 단순성이 조명해 주지 못하는 어두운 영역으로 들어왔다고 생각하기 때문이다. 사탄 숭배적인 학대를 당한 여성이나 오랫동안 어린 여학생들을 희롱해 온 그리스도인 교사를 돕기 위해서는 특별한 지식이 필요하다고 생각하는 것이다.

사탄적인 학대나 성중독에 관한 지식보다 하나님을 안다는 것이 무슨 의미인지, 그 풍성하고 능력 있는 지혜가 더 필요하지 않을까? 그리스도를 아는 것이 당신의 문제 저변에 깔린 근본적인 원인을 확실히 규명해 줄 수 있을까?

마지막 한마디

하나님은 당신의 모든 것을 아신다. 당신을 무너뜨리려고 위협하는 모든 갈등을 훤히 알고 계신다. 당신의 과거와 현재, 그 모든 것을 아신다. 그런 하나님이 하시는 말씀은 단 한마디 "그리스도"다. 이전에 하나님은 우리에게 단편적으로 이것저것 조금씩 말씀하시되, 다양한 방법으로 말씀하셨다. 하지만 지금은 과거에 알려 주신 모든 것이 그리스도 안에서 더욱 풍성하게 드러났다고 말씀하신다. 하나님의 마지막 한마디는 "그리스도"다. 그 외에는 더 할 말이 없다.

"옛적에 선지자들을 통하여 여러 부분과 여러 모양으로 우리 조상들에게 말씀하신 하나님이 이 모든 날 마지막에는 아들을 통하여 우리에게 말씀하셨으니 이 아들을 만유의 상속자로 세우시고 또 그로 말미암아 모든 세계를 지으셨느니라"(히 1:1-2).

하나님은 당신이 벽난로 옆에 앉아서, 하나님에 관한 모든 사실이 들어 있는 성경 66권을 읽어 주시는 성령님의 이야기를 듣기 바라신다. 그리고 동성애 충동으로 갈등하는 친구가 있을 때, 당신이 거실을 빠져나가 다락방으로 올라가서 그 친구의 이야기를 들어주되, 들은 후에는 그 친구와 함께 얼른 거실로 돌아와 그의 이야기보다 훨씬 더 좋은 이야기를 듣기 원하신다.

가장 심오하고 적실한 진리는 늘 단순하다. 바울은 데살로니가 교인들의 **믿음**의 역사와 **사랑**의 수고와 **소망**의 인내에 감사했다. 하나님의 일은 하나님이 보내신 한 사람을 믿는 것이라고 예수님은 말씀하셨다. 이 말은 하나님의 성품을 확신해야 한다는 뜻이다. 하나님은 정말 선하시다. 그리스도를 보면 안다. 그리스도가 이 사실을 분명히 밝혀 준다. 그분은 우리에게 믿음을 주신다.

사랑의 수고란 예수님처럼 사람들을 대하고 예수님처럼 삶으로써 그리스도를 섬기는 것이다. 그리고 소망의 인내로써 장차 임할 도성에 마음을 둔다. 이 땅에서 나의 성을 쌓기보다는 그리스도께서 세우시는 더 나은 도성을 고대한다.

그리스도를 믿고(믿음), 그리스도를 섬기고(사랑), 그리스도를 기다리는 것(소망), 이것이 바로 하나님을 발견한다는 의미다.

하나님을 발견하지 못하면 우리의 갈망도 다스릴 수 없다. 믿음이 사라진다. **해명하고 통제하기**만을 원한다. 신비를 운용 가능한 범주로 축소하고, 인생을 그리스도께 의지하지 않고 스스로 경영하려 한다.

당신은 올바른 사람이 되고 싶어한다. 그것이 믿음을 지키기 위한 투쟁이라고 열심히 강변하고, 진리를 수호하는 하나님의 동맹군이라 자처한다. 하지만 분노의 또 다른 형태인 으스대고 점잔 빼는 태도가 드러난다. 자비와 겸손의 자리에 교만이 들어앉는다.

당신은 치유받기를, 고통을 해소하기를 바란다. 하지만 그것이 예배보다 중요한 우선순위가 될 때, 당신은 인간적인 목적에 부합하는 우상을 만든 것이고, 사람들을 기분 좋게 해주는 데 인생을 쏟게 된다. 참된 신을 예배하기보다는 거짓 우상을 이용하다 끝난다.

당신은 초자연적인 존재와 **결속되기**를 바란다. 신비를 감싸 안고, 겸손히 하나님께 부복하며, 하나님을 체험하는 것을 최고의 목표로 삼는다. 하지만 초점은 **체험**이다. 체험을 요구하고, 체험을 얻을 방법을 궁리한다. 그리하여 결국은 하나님께 사로잡히기보다 하나님을 발견하기 위해 당신이 만들어 낸 신학과 그 결과에 집착한다.

깊은 갈망에서 우러난 모든 부르짖음에 하나님은 "그리스도"라고 대답하신다.

해명하려는 갈망을 그리스도를 알리는 갈망으로 바꾸어야 한다. 성경에 나타난 그리스도를 알리는 갈망으로 바꾸어야 한다. 열심히 생각하고 탐색하고 모험적으로 생각하고 사람들의 삶을 이야기하는 것도 다 좋지만, 너무 오랫동안 할아버지 곁을 떠나서는 안 된다. 믿음의 역사는 늘 하나님의 선하심을 믿는 것이다.

올바른 사람이 되려는 갈망을 당신이 하는 모든 일에서 **그리스도를 높이려는 갈망으로 바꾸어야 한다.** 열심히 연구하고 대화하고 논쟁하되, 하나님이 정말 자비롭고 선하신 분임을 알리는 방식으로 해야 한다. 온화한 확신이 차가운 교조주의를 대체해야 한다. 사랑의 수고로 늘 하나님의 성품을 드러내기 바란다.

치유받으려는 갈망을, **소망을 주려는 갈망**으로 바꾸어야 한다. 당장 모든 상처가 사라지지는 않을 것이다. 그룹 치료나 상담이나 어떤 방법을 써도 상처를 완전히 치유할 수는 없다. 하지만 상처가 있는 상태에서도 얼마든지 믿음의 역사와 사랑의 수고를 할 수 있다. 더 나은 도성이 당신을 기다린다. 장차 무슨 일이 있을지 잘 알기에, 소망의 인내로써 신실하게 봉사하라. 상처가 다 낫기를 기다리지 말고 먼저 섬기라.

결속에 대한 갈망을 주권적인 그리스도를 **신뢰하려는 갈망**으로 바꾸어야 한다. 그리스도는 당신에게 꼭 필요한 일을 해주시는 분이다. 믿음의 역사와 사랑의 수고와 소망의 인내에 대한 보답으로, 주님의 시간에 주님의 방법대로 하나님 아버지를 드러내실 것이다.

우리는 대부분 답답한 다락방을 전전하며 인생을 설명하려 애쓰고, 올바른 사람이 되려고 애쓰고, 고통 해소에 전력하면서, 도대체 하나님은 어디 계시냐고 의아해 한다. 이제는 거실로 돌아가는 길을 찾을 때다. 돌아가 아버지의 품에 안겨 성령님이 들려주시는 그리스도 이야기에 귀 기울일 때다.

후기

하나님을 찾아 나선 내 여정은 이제 겨우 시작에 불과하다. 지금은 그 어느 때보다도 내가 하나님을 찾는 길에 들어서 있다고 확신한다. 이 길에는 당황스런 일과 해결할 수 없는 어려움이 산재해 있어 생각보다 훨씬 큰 믿음이 요구된다.

그리스도를 확실히 알게 해달라고 하나님께 부르짖은 지도 2년이 넘었다. 그 기도는 응답받았다. 하지만 값비싼 대가를 지불했다.

지난 2년은 내 인생에서 가장 힘든 시기였다. 때로는 내면의 고문을 당하는 느낌이었고, 한번은 정말로 지옥을 맛본 것 같았다.

이 책을 탈고하던 날, 나는 이제껏 한번도 해보지 않은 행동을 했다. 차를 몰고 목적지도 없이 마냥 달렸다. 루르드(Lourdes, 성모 마리아가 나타났다는 프랑스 남서부의 가톨릭 성지—옮긴이)를 믿었다면 그리로 달려갔을 것이다. 마음의 평화를 찾아 산을 넘고 바다를 건너는 순례자의 마음을 조금은 알 것 같았다.

나는 어느 산마루에 도착했다. 하나님의 창조 세계가 가장 멋지게 내려다보이는 지점에 차를 세웠다. 아름다운 대자연이 나를 조롱도 하고, 유혹도 했다. 나는 망연자실해 있다가 퍼뜩 정신을 차렸다.

2년 전처럼 또 하나님께 부르짖었다. 이번에는 내용이 좀 달랐다. "주님, 이 세상 그 무엇보다 그 누구보다 당신과 가장 가까워지지 않는다면, 저는 차라리 죽는 게 낫겠습니다."

다음날 친구한테서 전화가 왔다. 예상도 못했고 전혀 반갑지도 않은, 내 재정 상태에 심각한 영향을 미치는 소식이었다. 여러 번의 계산 착오로 인해, 돈이 들어오리라 생각했으나 실제로는 큰 빚을 진 형국이었다. 전에도 이보다 더 나쁜 소식을 들은 적은 있다. 하지만 이 소식은 내가 인생에서 무엇에 집착하고 있는지, 내 삶을 반듯하게 운용하려고 얼마나 애쓰고 있었는지를 상징적으로 보여주었다. 당황한 마음을 가다듬는 데 5분 정도 걸렸나 보다. 하나님은 내가 영적인 여정에서 또 한걸음을 크게 내딛기를 바라셨다. 무슨 말씀을 하시는지 분명히 알 것 같았다. "너는 네 인생을 주관할 수 없다. 그러므로 너는 자유롭다. 네가 원하는 대로 인생을 꾸려 나가야 한다는 압박감에 시달리지 말고, 이전보다 나를 더욱 신뢰하여라. 네가 보기에는 위험 부담이 커 보일지라도, 내가 인도하는 대로 행하여라. 나는 온전히 선하다. 네가 철석같이 신뢰해도 될 만큼 선하다."

나는 하나님이 예비하신 그 걸음을 내디딜 준비를 하고 있다. 마음으로는 이미 한걸음 내디뎠다. 놀란 마음은 사라지고 신뢰감이 찾아온다. 전율에 가까운 모험심이 지루함을 밀어낸다.

이 세상은 본향을 짓고 삶을 즐기기에는 너무 악하고 불확실한 곳이다. 하지만 하나님을 발견하기에는 완벽한 곳이다.

함께 토의할 질문

이 책의 후기에서 저자는 다음과 같이 기도했다고 고백한다. "주님, 이 세상 그 무엇보다 그 누구보다 당신과 가장 가까워지지 않는다면, 저는 차라리 죽는 게 낫겠습니다."

그 기도에 하나님은 이렇게 응답하셨다. "너는 네 인생을 주관할 수 없다. 그러므로 너는 자유롭다. 네가 원하는 대로 인생을 꾸려 나가야 한다는 압박감에 시달리지 말고, 이전보다 나를 더욱 신뢰하여라. 네가 보기에는 위험 부담이 커 보일지라도, 내가 인도하는 대로 행하여라. 나는 온전히 선하다. 네가 철석같이 신뢰해도 될 만큼 선하다."

「고통 속에서 하나님을 발견하다」를 읽고 함께 토의할 질문들을 생각해 봄으로써 당신이 하나님을 더욱 신뢰하게 되기를 바란다.

토의 질문을 잘 활용할 수 있는 몇 가지 제안을 소개하면 다음과 같다.

1. 먼저 본문을 읽으라. 이 질문들은 본문의 흐름을 따라 자연스럽게 생각할 수 있도록 구성했다. 따라서 본문을 읽지도 않은 채 나눔을 진행하면 나눔이 겉돌고 피상적이기 쉽다. 반드시 본문을 읽고 내용을 숙지한다.

2. 성령의 인도하심을 따르라. 모든 질문에 다 대답해야 한다는 부담을 갖지 말라. 각 개인과 모임의 성격에 따라서 어떤 질문은 열띤 토의가 벌어지지만 어떤 질문은 별 관심이 없을 수도 있다. 각 그룹의 인원수와 각자의 관심 영역, 현재 상황 등을 고려해서 진행하는 것이 좋다.

3. 정해진 틀과 유연성을 균형 있게 구사하라. 가능하면 리더십과 분별력이 있는 사람을 리더로 세워 진행한다. 리더는 토의를 잘 이끌고 토의 내용을 적절히 조절하며, 모두가 골고루 대화에 참여할 수 있도록 배려하라.

4. 하나님과 다른 이들의 생각에 마음을 열라. 책에서 읽은 내용이나 남이 한 말을 무조건 받아들이지는 말라. 질문이 있으면 편하게 질문하라. '무식하거나 세속적으로 보일까봐' 주저하지 말라. 질문을 정확히 표현하기 어렵다면 이런 식으로 말해 보라. "그 말이 무슨 뜻인가요?" "예를 들어서 설명해 주실래요?" "이 말이 이해가 잘 안 되는데, 보충 설명 좀 해주실래요?" 때로 하나님을 찾아가는 길은 질문으로 시작한다.

5. 책임 의식을 가지라. 그룹 전체로도 나눔을 갖지만, 그룹의 각 사람과 일대일 관계를 맺어야 할 경우도 있다. 일대일 관계야말로 하나님을 찾아가는 여정에서 '개인적인 이야기'를 하며 서로 기도해 줄 수 있는 절호의 기회다.

서론_ 문제 해결이 능사가 아니다

1. 당신이 지금까지 그리스도인으로 살면서 하나님을 발견하는 계기가 되었던 일들은 무엇인가? 하나님을 발견하는 데 방해가 되었던 일들은 무엇인가?

2. 저자는 말하기를, 오늘날 우리는 하나님 발견에서 자아 발견으로 관심의 축이 이동했다고 한다. 당신에게도 이런 경향이 있지는 않은가? 믿음의 공동체 내에서는 어떠한가? 당신은 이런 현상을 어떻게 생각하는가?

3. 하나님 발견에서 자아 발견으로 관심을 옮길 때 우리 삶에 나타나는 현상은 무엇인가?

4. 서론에서는 인생을 대하는 세 가지 관점을 제시한다. (1)우리 영혼이 얼마나 상처 입었는지를 파헤쳐 치유에 온전히 몰두한다. (2)우리의 고통은 완전히 무시하기로 작정하고 하나님께만 순종한다. (3)우리가 겪는 갈등을 섬세하게 인식하되, 우리의 느낌보다 하나님이 더 중요하다는 사실을 계속 주지한다. 이 세 가지 관점 중에서 당신의 관점은 어느 것에 가깝다고 생각하는가? 왜 그렇게 생각하는가?

5. 위의 세 가지 관점 중에서 당신이 취하고 싶은 관점은 어느 것인가? 왜 그렇게 생각하는가?

1장 내 인생의 여정

1. 이번 장에서 저자는 형의 죽음으로 인한 상실감 때문에 하나님을 간절히 찾게 되었다고 고백한다. 당신도 저자처럼 하나님을 간절히 찾을 수밖에 없었던 상황이 있다면 말해 보라.

2. 위기의 정의는 "문제에 대처하는 자기의 방식이 더 이상 통하지 않는 시점"이라고 할 수 있다. 그리스도인에게 위기는 믿음의 현주소를 깨닫는 계기가 된다. 당신의 경우,

인생의 위기가 하나님과의 관계에 어떤 영향을 끼쳤는가?

3. "제가 가는 길은 죄다 제게로 되돌아오는 길뿐입니다"(28p)라는 저자의 말에 당신은 얼마나 공감하는가?

4. 히브리서 11:6을 다시 한번 음미해 보라. "믿음이 없이는 하나님을 기쁘시게 하지 못하나니 하나님께 나아가는 자는 반드시 그가 계신 것과 또한 그가 자기를 찾는 자들에게 상 주시는 이심을 믿어야 할지니라." 당신은 이 말씀을 어떻게 생각하는가?

5. 하나님의 최우선순위는 우리의 안락함이나 만족이 아니라 하나님의 영광이다. 이 사실에 비추어 볼 때, 당신 삶에서 변화가 필요한 부분은 어디인가?

2장 생존이 인생의 전부가 아니다

1. 이 장의 제목 '생존이 인생의 전부가 아니다'라는 말은 무슨 의미라고 생각하는가?

2. "우리는 에덴동산에서 쫓겨나 돌아갈 길이 없다"(32p). 이 말을 어떻게 생각하는가?

3. 저자는 "온 맘 다해 하나님을 찾는다"라는 의미를 이해하고자 에녹의 삶을 심층 연구했다. 에녹은 "하나님과 동행했다"고 하는데, 저자가 말하는 하나님과의 동행은 어떤 의미인가?(35-38p) 당신에게 주어진 세월을 "살아가는 것"과 "하나님과 동행하는 것"은 어떻게 다르다고 생각하는가?

4. 저자는 거룩의 핵심을 두 가지로 설명한다. "인생에 무슨 일이 일어나건 하나님은 선하시다"라는 확신과 "하나님을 추구하기보다 당면한 문제 해결을 더 우선순위에 두는 태도는 부도덕하다"라는 것이다. 당신이 거룩하지 못하다는 사실보다 인생의 문제로 더 힘들어 했던 적이 있다면 말해 보라. 그 갈등을 극복하는 데 도움이 된 것은 무엇이었는가?

5. 저자는 에녹의 삶과 가인의 후예 라멕의 삶을 비교한다. 라멕은 "나는 내 성을 지을

테다! 나는 당장의 쾌락을 원해!"라고 선언한 반면, 에녹은 "나는 하나님의 도성을 지을 것이다! 그리고 하나님이 언젠가 내가 누릴 도성을 지어 주실 것을 신뢰한다!"라고 말했다. 당신이 에녹과 같은 자세로 하나님께 나아올 때 당신의 삶은 어떤 모습인가? 또 라멕과 같은 자세로 나아올 때는 삶이 어떤 모습인가?

3장 본능적 갈망

1. 저자의 정의에 따르면 갈망이란 "우리 마음 가장 깊은 곳에서 솟구치는 강하고 신비로운 힘"이다. 그는 또 말한다. "인간의 가장 본능적인 갈망은, 에덴동산 밖의 삶을 동산 안의 삶과 최대한 비슷하게 꾸리는 것이다"(49p). 당신의 삶에서는 이 본능적인 갈망이 어떤 식으로 표출되는가?

2. 그리스도인이며 천국의 시민권자인 우리의 특징은 바로 하나님을 향한 갈망이다. 하지만 본능적 갈망도 끊임없이 솟구친다. 당신은 특히 어떤 본능적 갈망을 느끼는가? 그 갈망을 어떻게 다루고 있는가?

3. 부모들은 자식에게 다음 두 가지 메시지 중 하나를 전달한다. "우리는 네가 행복하길 바란다" 또는 "우리는 네가 착하길 바란다." 당신은 어느 메시지를 더 많이 들으며 자랐는가?

4. 우리는 부모님이 가장 많이 말씀하신 메시지에 근거해서 세상과 관계를 맺고 살아간다. 그리하여 우리 안에 두 가지 갈망 중 하나를 형성한다. 첫째는 탐닉가로서, 자기 유익만 챙기며 그것을 뻔뻔하게 합리화하는 유형이다. 둘째는 순응자로서, 주변의 비난이나 학대 또는 버림을 받지 않으려고 사람들의 기분을 맞추는 데 힘을 쏟는다. 당신은 이 둘 중 어느 유형에 해당하는가?

5. 당신의 본능적 갈망은 하나님을 보는 시각에 어떤 영향을 미치는가?(54-56p)

4장 초월적 갈망

1. 주님을 향한 진정한 갈망은 오로지 성령의 역사로만 가능하다. 성령님은 첫째, 우리 자신에 관한 진리를 드러내신다. 저자는 62-69쪽에서, 자신이 깨달은 인생의 다섯 가지 진리를 이야기한다. 당신이 성령의 역사를 통해 깨달은 자신에 관한 진리들은 무엇인지 말해 보라.

2. 우리가 자신에 관한 진리를 기꺼이 직면할 때, 하나님에 대한 시각도 성령을 통해 더욱 충만히 체험하게 된다. 당신의 경우, 자신에 관한 끔찍한 진리에 직면함으로써 하나님을 더욱 충만히 경험한 적이 있는가?

3. 이번 장에서 언급한 "무력화"를 당신도 경험한 적이 있는가?(70p)

4. 저자가 이번 장에서 설명한 "경계심"을 당신도 경험한 적이 있다면 말해 보라. 이 경계심은 어떤 면에서 우리가 장차 맛볼 천국과 비슷한가?(72-75p)

5. 4장까지의 내용을 통해, 당신은 하나님을 발견하는 것의 중요성을 깨닫게 되었는가? 온 맘 다해 하나님을 추구해야겠다는 결심이 생기는가?

5장 뭔가 상당히 잘못되었다

1. 저자가 자신을 보는 시각은 어떠한가? 그런 시각에 당신도 공감하는가?

2. 하나님과의 관계를 점검해 보라. 당신은 원하는 것을 얻기 위해 하나님을 이용하려 하는가, 아니면 하나님의 존재를 누리는가?

3. "오직 예수 그리스도만이 구현하신 완벽한 인간의 기준으로 볼 때, 누구나 지나온 길보다 갈 길이 훨씬 더 멀다"(82p). 당신은 이 말을 어떻게 생각하는가?

4. 저자는 우리에게 내재한 사악한 구조, 즉 하나님과 자신과 남들에 대한 타락한 사고

방식을 설명한다. 이 구조의 기반에는 하나님의 선하심을 의심하는 마음이 자리 잡고 있다. 당신도 하나님의 선하심을 의심하는가? 의심한다면 그 이유는 무엇인가?

5. 당신이 하나님의 선하심을 신뢰한다면, 그 이유는 무엇인가? 그 신뢰를 키우는 요인은 무엇인가?

6장 하나님이 숨으실 때

1. 하나님이 전혀 손닿지 않는 곳에 계시다고 느낀 적이 있다면 언제인지 말해 보라.

2. 저자는 말한다. "우리는 인생을 인과응보의 논리에 따라 설명해 줄 정확한 도표를 그리려고 애쓰지만, 인생은 오리무중이어서 그런 노력을 헛수고로 만든다"(90p). 이 말은 무슨 의미인가? 당신도 이런 상황을 경험한 적이 있는가?

3. 이 장을 다 읽고 난 느낌은 어떠한가? 저자가 인생에 지나치게 비관적이라고 생각하는가? 아니면 생생한 현실을 그리고 있다고 생각하는가?

4. 저자는 숨으시는 하나님에 대해 사람들이 보이는 세 가지 반응을 제시한다. "바보들의 천국"에서 사는 사람들을 본 적이 있는가? 어떤 모습이었는가? 또 "상담 만능의 시류"에 휩쓸린 사람들을 보았는가? 어떤 모습이었는가? 숨어 계신 하나님을 찾기 위해 성경 읽기, 기도, 상담 등이 적절한 방법이 되는 경우는 언제인가?

5. 만사가 잘되어 갈 때 당신의 믿음생활은 어떠한가? 믿음이 혹독한 시련을 겪을 때는 어떤 모습인가? 두 상황을 비교해 보라.

7장 타락한 구조의 기반

1. 저자는 이 장의 서두에서 "내 안에서 뭔가가 상당히 잘못되었다"라고 말한다(97p). 당신도 자신에 대해 그렇게 생각하는가? 왜 그렇게 생각하는가?

2. 에덴동산에서 사탄의 유혹을 당신의 말로 다시 한번 설명해 보라. 그리고 왜 우리는 타고난 의심꾼인지도 설명해 보라(97-100p). 저자의 견해에 동의하는가, 동의하지 않는가?

3. 타락한 구조의 기반에는 하나님의 선하심을 의심하는 태도가 자리 잡고 있다. 하나님께 질문하는 것이 오만한 행동이 되는 경우는 어떤 때인가? 당신은 언제 그런 질문을 하는가?

4. 하나님을 의심하는 태도는 어떻게 자기신뢰로 연결되는가? 당신이 하나님을 의심하고 자신을 의지한 적은 언제인가?

5. 우리가 이 세상에 사는 동안 어느 정도의 회복을 추구하는 것이 합당하다고 생각하는가?

8장 왜 하나님은 숨으시는가

1. 당신은 언제, 어떻게 하나님께 분노를 표출했는가?

2. 저자는 우리의 타락한 구조가 왜 그렇게 하나님을 불쾌하게 한다고 말하는가?(107-108p)

3. 저자는 하나님께 잘못된 방식으로 접근했던 경험을 솔직히 나눈다. 당신이 하나님께 잘못된 방식으로 나아간 적은 언제였는가? 하나님께 나아가는 올바른 방식은 무엇인가?

4. 이스라엘 백성의 예를 볼 때, 하나님이 우리 기도를 듣지 않으시는 이유는 무엇인가?(113-114p)

5. 하나님이 우리에게 발견되기를 바라시는 대로 하나님을 발견하려면 어떻게 해야 하는가?(114p)

9장 견고한 구조의 기반

1. 당신은 사람을 신뢰하는 편인가? 하나님에 대해서는 어떤가?

2. 116쪽에서 저자는 말하기를, 우리 속의 타락한 구조를 벗어버리기 위해서는 내면의 혁명이 필요하다고 한다. 그러기 위해서는 네 가지 조건을 충족해야 한다. 그 조건 중에 혹독한 고통이 중요한 부분을 차지하는 이유는 무엇이라고 생각하는가?

3. 당신은 성령님께 악한 내면과 예수 그리스도의 아름다우심을 드러내 달라고 간구한 적이 있는가? 어떤 결과를 체험했는가?

4. 당신이 하나님을 발견했다는 것을 어떻게 알 수 있는가?(120-121p)

5. 당신의 삶을 의심의 기반 대신 신뢰의 기반—"하나님, 저는 당신을 믿습니다"—위에 세운다면 어떤 모습일지 잠시 생각한 뒤 함께 나누어 보라.

10장 1층_ 나는 네가 필요하다

1. 우리는 사람들을 사랑하기보다는 필요로 하는 경향이 있다고 저자는 말한다. 당신이 사람들과 관계 맺는 동기는 어떠한가?(128-130p)

2. 저자는 자기 형의 장례 예배 때조차도 자기중심성에 매여 있었던 쓰라린 경험을 고백한다. 당신의 자기중심성은 어떤 식으로 표출되는가?

3. "상호의존성"은 오늘날 많이 언급하는 용어다. 저자가 제시하는 그 원인과 치유책은 무엇인가?(132p) 당신은 어떤 때 남을 조종해서 본인의 필요를 채우려 하는가?

4. 우리가 남에게 베풀 수 있는 능력은, 하나님을 신뢰하고 모든 것이 하나님으로부터 온다는 확신과 밀접한 관련이 있다. 왜 그런가? 예수님을 정확히 아는 것이 남을 사랑하는 데 왜 그렇게 중요한가?(134-135p)

5. 하나님의 놀라운 은혜를 묵상해 보라. 우리가 내면을 깊이 살피면서 성령께서 우리 안의 악함을 드러내 주시기를 간구할 때, 하나님의 은혜는 어떤 역할을 하는가?

11장 2층_ 나는 너를 미워한다

1. 누군가를 미워해 본 적이 있는가? 남을 미워하는 기분은 어떤가?

2. "나는 네가 필요하다"에서 "내가 너에게 주겠다"로 옮겨 가지 않을 경우, 우리는 "나는 너를 미워한다"로 자연스럽게 옮겨 간다. 그 이유는 무엇이라고 생각하는가?

3. "우리의 목표가 방해받을 때, 특히 그것이 생존에 꼭 필요하다고 생각할 때, 화가 치밀어 오른다"(139p). 당신이 인생에 대해 화가 나는 이유도 위와 같은 이유 때문인가?

4. 이번 장을 통해 분노에 대해 새롭게 깨달은 점이 있다면 무엇인가?

5. 우리가 하나님의 선하심을 확신한다면, 남에게 요구하기보다 하나님의 은혜를 나누려 할 것이다. 그런 삶을 살기 위해서 변화가 필요한 부분은 어디인가?

12장 3층_ 나는 내가 싫다

1. 자신이 싫다고 느낄 때는 언제인가?

2. 저자의 논리에 따르면, 자기혐오의 원인은 무엇인가? 자기혐오는 하나님과의 관계에서 어떤 역할을 하는가?(146-147p)

3. 다음 문장을 음미해 보라. "자기를 신뢰하려는 충동은 가히 중독적이며, 이것이 모든 중독의 뿌리다"(148p). 당신의 삶에는 이런 경향이 어떤 식으로 나타나는가?

4. 대부분의 그리스도인들은 은혜로 구원받았음을 믿지만, 매일의 삶을 은혜로 사는 것은 또 다른 문제다. 행위 구원이라는 오류에 빠지기 쉽기 때문이다. 저자는 행위 구원의 문제점이 무엇이라고 말하는가?(149-150p) 당신은 하나님의 은혜를 구하기보다 자기 힘으로 문제를 고치려 하지는 않는가?

5. 실패할 때 우리는 자신을 미워하거나 자신을 판단한다. 참된 자기판단의 유익은 무엇인가?(152-154p) 어떻게 하면 진심으로 은혜를 감사하며 누릴 수 있겠는가?

13장 4층_ 나는 살아남아야 한다

1. 12장 말미에서 저자는, 우리가 개선되어야 한다는 심한 압박감에 눌리다가, 결국은 생존할 방법을 찾아 헤매게 된다고 한다. 우리가 당면한 문제를 해결하고 싶어하는 마음이 잘못된 경우는 어떤 경우인가?(155-156p)

2. 이번 장의 주제를 한마디로 요약한다면 "의지하고 순종하는 길"이라고 할 수 있다. 어떤 점에서 그러한가?

3. 구약시대의 유대인들은 하나님께 격분하면서 "교만한 자가 복되다"라고 선언했다(말 3:15). 그 말의 의미는 무엇인가?(160-161p) 우리 안에 하나님을 멸시하는 마음

이 생기는 이유는 무엇인가?

4. "심령이 가난한 자는 복이 있나니"라는 말의 의미는 무엇이라고 생각하는가?(165-166p) 당신의 "심령이 가난해지는" 때는 언제인지 구체적인 예를 들어 보라.

5. 저자는 자신의 사고 능력이 우상이 되었던 경험을 책에서 나눈다. 우상이란, 우리가 인생을 성공적으로 살아가는 데 필요하다고 생각하는 모든 것들이다. 당신의 우상은 무엇인가?

14장 5층_ 내가 살아남는 법

1. 타락한 구조의 5층은 '어떻게 하면 살아남을 것인지'를 궁리하는 단계다. 저자는 그 방법을 "관계 맺는 유형"이라고 하는데, 이에 대한 정의는 167쪽에 나와 있다. 당신이 사람들과 관계 맺는 유형의 특징은 무엇이라고 생각하는가?

2. 우리가 관계 맺는 유형은 우리의 타락성 또는 구속성을 반영한다고 저자는 말한다. 당신은 어느 쪽에 더 가깝다고 생각하는가?

3. 당신이 관계 맺는 유형은 어떤지 잘 알고 있는가? 관계를 맺을 때 어떤 식으로 자신을 보호하는가? 또 어떤 식으로 남들에게 자신을 내어주는가?

4. 크리스틴의 경우를 살펴보고(169-170p), 당신의 관계 맺는 유형과 비교해 보라. 당신의 스타일이 타락한 구조가 아닌 거룩한 구조에 기반을 두기 위해 변해야 할 부분은 무엇인지 생각해 보라.

5. 우리가 하나님과, 그리고 남들과 관계 맺는 방식보다 더 중요한 건 없다. 171-172쪽에 설명된 타락한 구조와 거룩한 구조를 생각해 보고, 도표도 다시 한번 살펴보라(173-174p). 각 구조는 어떤 식으로 형성되는가? 또 우리가 하나님과, 그리고 남들과 관계 맺는 유형에 어떤 영향을 미치는가?

15장 새벽 직전이 가장 어둡다

1. 제2부의 내용을 총정리해 볼 때, 하나님을 발견하는 데 걸림돌이 되는 것들 중 당신에게 가장 와 닿은 것은 무엇인가?

2. 하나님을 발견하는 여정은 어둠을 통과해 빛으로 나가는 길이라고 저자는 말한다. 이 말이 무슨 뜻이라고 생각하는가?

3. 당신이 인생 여정에서 통과한 어둠은 어떤 것들이었는가?

4. 저자가 고백한 일기의 내용에 비추어 볼 때, 당신이 경험한 어둠은 당신에게 어떤 의미가 있다고 생각하는가?

5. 184쪽에서 저자는, 우리의 타락한 구조를 허물려면 세 가지가 필요하다고 한다. (1) 우리가 사람들에게 끼치는 영향력을 직시해야 한다. (2)남들이 우리에게 끼친 해악을 직시해야 한다. (3)우리가 하나님을 대하는 태도를 직시해야 한다. 당신의 타락한 구조를 허물려면, 이 각각의 항목을 어떻게 해야 할지 생각해 보라.

16장 사람들이 저지르는 실수

1. 첫 단락의 내용으로 볼 때, 우리는 어떻게 하나님을 발견할 수 있는가? 당신의 경우, 하나님을 신뢰하기가 쉬운가, 어려운가? 왜 그렇다고 생각하는가?

2. 저자는 우리가 하나님을 발견하는 과정에서 저지르는 실수를 두 가지 언급한다. 첫 번째 실수는 문제를 우회하는 태도다. 문제를 우회하는 것은 왜 좋지 않은가?

3. 성경 읽기나 기도가 단순히 문제를 우회하는 수준을 넘어서는 때는 어떤 경우인가?

4. 두 번째 실수는 문제에 함몰되는 태도다. 이런 태도는 어떤 결과를 초래하는가?(190p)

5. 당신은 위의 두 가지 실수 중 어느 쪽을 더 많이 저지르는가?

17장 선한 열망은 너무나 약하다

1. 당신은 "열망"이라는 말을 들으면 어떤 생각이 드는가?
2. 예레미야 29:13-14에서 하나님은 말씀하신다. "너희가 온 마음으로 나를 구하면 나를 찾을 것이요 나를 만나리라. 이것은 여호와의 말씀이니라. 나는 너희들을 만날 것이며." "온 마음으로" 하나님을 찾는다는 것은 어떤 의미라고 생각하는가?
3. 저자는, 나쁜 열망을 약화시키기보다는 선한 열망을 강화시켜야 한다고 역설한다. 그러려면 어떻게 해야 하는가?(195-201p)
4. "우리가 책임 있게 산다면, 축복을 받을 것이다." 당신은 이 말에 동의하는가, 동의하지 않는가? 왜 그렇게 생각하는가?
5. 이번 장을 읽고 나서 혹시 마음에 갈등이 생기지는 않았는가? 그 갈등은 생산적인 갈등인가, 소모적인 갈등인가?

18장 선한 열망과 악한 열망의 본질

1. "우리는 하나님을 향한 열망을 회복해야 한다. 그렇지 않으면 진정한 삶은 없다"라는 말로 이번 장은 시작된다. 이 말은 사도 바울이 빌립보서 1:21에서 한 말과 비슷하다. "이는 내게 사는 것이 그리스도니 죽는 것도 유익함이라." 현 시점에서 하나님을 향한 당신의 열망은 어느 정도라고 생각하는가? 당신의 삶의 근거는 무엇인가?

2. 악한 열망은 내면 깊이 흐른다고 저자는 말한다. 당신의 "악한 열망"은 저자가 204-206쪽에서 설명한 내용과 어떤 점에서 비슷한가, 또 어떤 점에서 다른가?

3. "구원받은 사람이면 누구나 갖고 있는 열망이 있다. 온전해지고 싶고, 남에게 주는 사람이 되고 싶은 열망이다"(206p). 당신은 이 말에 동의하는가, 동의하지 않는가? 그 이유를 말해 보라.

4. 악한 열망을 붕괴시키고 선한 열망을 불러내려면 해야 할 일이 몇 가지 있다고 저자는 말한다. 첫째로, 악한 열망은 선한 열망으로 위장하기 쉽다(208p). 둘째로, 선한 열망의 지배를 받으려면 먼저, 하나님을 기쁘시게 하겠다는 의지적 결단이 있어야 한다. 셋째로, 우리를 지배하는 열망은, 우리가 가장 강하게 느끼는 열망이 아니라 우리가 순종하는 열망이다(209p). 위의 세 가지 사항에 대해 당신은 어떻게 생각하는가?

5. 이번 장과 15장 마지막에서, 저자는 우리가 살아온 이야기를 남에게 하는 것에 관해 언급한다. 우리가 어떻게 남에게 영향을 끼쳤고, 남이 어떻게 우리에게 해를 입혔으며, 우리가 하나님을 어떻게 생각하는지에 관한 이야기 말이다. 그리하여 죄악된 태도를 붕괴시키고 우리 안에 남아 있는 선한 열망을 키우라고 역설한다. 당신은 지금까지 살아온 이야기를 남에게 한 적이 있는가? 그렇게 한 결과는 어떠했는가? 지금도 그런 이야기를 할 마음의 준비가 되어 있는가?

19장 인생 이야기 나누기

1. "하나님은 정말 선하신가?"라는 질문에 대한 당신의 솔직한 답변은 무엇인가?

2. 우리가 하나님께 분노할 때, 하나님은 우리에게 "그분이 사신 것처럼 살라고 말씀하신다. 남에게 베풀고, 소유가 아니라 존재로 살며, 예배자로 살라고 초청하신다"(216p). 당신이 예수님에 대해 아는 사실들, 그리고 저자가 예수님에 대해 쓴 사실

들(218p)에 비추어 볼 때, 예수님은 어떤 삶을 사셨다고 생각하는가? 당신이 예수님처럼 살려면 구체적으로 어떻게 살아야 하겠는가?

3. 하나님의 하나님 되심을 생각해 보라. 어떤 점에서 당신은 하나님을 예배하고 싶은 마음이 드는가?

4. 우리가 문제를 통해 하나님을 발견하는 데로 나아갈 때 기독교 공동체의 역할은 실로 막중하다. 219-230쪽에서 저자는 공동체에 관해 논하는데, 이번 장에서 공동체에 대해 새롭게 깨달은 점은 무엇인가? 기독교 공동체는 왜 중요한가?

5. 지금까지 당신이 경험한 기독교 공동체(교회나 기타 단체)에 비추어 볼 때, 당신은 저자의 생각에 공감하는가?

20장 붕괴시키고 매혹하는 이야기

1. 살아온 이야기를 하려면 먼저 현재 이야기를 할 수밖에 없다. 왜 현재 이야기를 해야 하며, 현재 이야기에는 어떤 내용이 포함되는가?(232-234p) 현재 이야기를 하다 보면 우리는 용서하시는 하나님, 힘 주시는 하나님을 더 알고 싶어진다. 왜 그렇게 된다고 생각하는가?

2. 당신이 생각하는 속이야기에는 어떤 내용이 포함된다고 생각하는가? 속이야기를 하다 보면 우리는 보호자요, 자유롭게 하시는 하나님을 더 경험하고 싶어진다. 왜 그렇게 된다고 생각하는가?

3. 당신의 가장 깊은 속이야기의 내용은 무엇인지 생각해 보라. 저자는 속이야기를 잘할 수 있게 도와주는 네 가지 사항을 소개한다. 각 사항에 대해 당신의 생각을 정리해 보라(237-239p).

4. 당신은 가장 깊은 속이야기를 나눌 수 있는 사람이 있는가?

5. 믿음의 공동체 속에서 우리의 이야기를 나누다 보면, 하나님의 영광을 잠시나마 체험하게 된다. 왜 그렇다고 생각하는가?

21장 본향을 향하여

1. "그리스도를 아는 것이 당신의 문제 저변에 깔린 근본적인 원인을 확실히 규명해 줄 수 있을까?"(244p)라는 저자의 질문을 어떻게 생각하는가?
2. 당신이 "하나님과 거실에 앉아 성령님이 들려주시는 예수님 이야기"를 듣는다고 상상해 보라. 예수님에 관한 진리 중에서 특히 마음에 와 닿는 진리는 무엇인가?
3. 당신이 "다락방"으로 가더라도, 다시 "거실"로 돌아와 예수님 이야기를 들으려면, 어떤 점을 조심해야 하는가?
4. 243-244쪽에 나오는 권고와 경고의 내용을 살펴보라. 그중 당신에게 가장 필요한 부분은 무엇인가?
5. 제3부 '하나님을 발견하는 여정'의 내용을 다시 한번 음미해 보라. 당신이 이 여정을 지속할 수 있는 원동력은 무엇이라고 생각하는가?

후기

1. 이 책을 읽은 소감을 돌아가면서 말해 보라.
2. 이 책의 내용 중 마음에 가장 와 닿은 점은 무엇인가? 또는 동의할 수 없었던 내용은 무엇인가?
3. 이해가 잘 안 되거나 삶에 적용하기 힘든 내용이 있었는가?

4. 이 책은 하나님을 찾아가는 당신의 여정에 어떤 면에서 도움이 되었는가?

5. 이 책의 내용 중 당신의 삶에 구체적으로 적용할 점이 있다면 무엇인가?

6. 하나님을 생각할 때 가장 놀라운 점은 무엇인가?